Bettye B. Binder

DESCUBRA SUAS VIDAS PASSADAS E OUTRAS DIMENSÕES

Tradução
VÍTOR MANOEL DE ANDRADE

EDITORA PENSAMENTO
São Paulo

Título do original:
Discovering Your Past Lives and Other Dimensions

Publicado originalmente em 1994 por Reincarnation Books/Tapes, Culver City, CA, USA.

Edição	Ano
1-2-3-4-5-6-7-8-9	97-98-99

Impresso em nossas oficinas gráficas.

DESCUBRA SUAS VIDAS PASSADAS E OUTRAS DIMENSÕES

Sumário

Prefácio da Autora

De 1980 a princípios de 1994, dei aulas sobre reencarnação, fenômenos psíquicos e regressão a vidas passadas para mais de 14 mil pessoas. Minhas palestras alcançaram enorme popularidade devido ao fato de ajudarem as pessoas a ter uma visão clara de suas crenças espirituais, a desmitificar os domínios da metafísica (e o que acontece neles) e a reviver suas vidas passadas.

A crença na reencarnação (assim como em espíritos, em anjos, em fantasmas e em outras dimensões) aumentou incrivelmente nos últimos anos. Em 1981, de acordo com uma pesquisa do Instituto Gallup, cerca de 25% dos norte-americanos acreditavam terem vivido antes. Pesquisas mais recentes revelam que, atualmente, 40% ou mais crêem ter tido uma vida anterior. Sem dúvida, os números estão aumentando.

Algumas pessoas tentam fazer crer que as vidas passadas são pura fantasia ou uma quimera em face dos terrores e das complicações da vida moderna e de suas necessidades pessoais e sociais não-atendidas. Contudo, a reencarnação tem sido aceita em praticamente todas as principais religiões e culturas da Terra, exceto nas modernas tradições judeu-cristãs ocidentais.

Acredito que o interesse por vidas passadas em nossa sociedade é o resultado da crescente procura pela meditação e pela hipnose e dos efeitos que as experiências com estados alterados estão provocando em nossa consciência.

Claro que sempre me espanto ao saber que algum pesquisador fez uso de aparelhos eletrônicos ou de outro tipo de tecnologia e de métodos científicos rigorosos para validar uma teoria ou experiência metafísica.

Entretanto, rejeito a premissa de que algo tenha de ser visto, tocado ou medido na dimensão física, ou na "dimensão tempo-espaço", para ser considerado real, e não uma fantasia da imaginação superativa de alguém ou conseqüência de uma carência emocional.

Acredito na idéia de ajudar as pessoas a aceitarem as "experiências psíquicas" como "reais" porque isso é o que elas sentiram. Isso é particularmente verdadeiro quando o resultado dessas experiências é um crescimento e uma transformação pessoais. Se as experiências psíquicas e os conceitos metafísicos, tais como a reencarnação, ajudam as pessoas a melhorar a forma como estão vivendo agora, isso é o essencial para mim.

Fico feliz em deixar as discussões sobre as evidências metafísicas – ou a ausência delas – para os cientistas e para outros pesquisadores interessados e devidamente equipados para explorar esses assuntos, com rigor científico.

Creio não haver respostas absolutamente "certas" ou "erradas" quando se trata de assuntos do coração, da Alma e da intuição, e é nesse território que o meu trabalho está centralizado.

Assim, este livro é sobre a minha verdade, baseada nas minhas experiências com esses temas bastante subjetivos. Ocasionalmente, cito casos e escritos de outras pessoas. Contudo, a maior parte do que aqui escrevi é a minha realidade metafísica. A informação expressa neste livro deriva principalmente de meu trabalho com a regressão a vidas passadas e de outras reflexões que investigam os domínios de vidas passadas e os fenômenos psíquicos a eles associados.

I PARTE

Reencarnação e Fenômenos Psíquicos

CAPÍTULO 1

Introdução

A reencarnação é freqüentemente chamada de "a Lei do Retorno". É o processo pelo qual a Alma deixa o corpo físico quando ele morre ao final de uma existência humana, retornando num novo corpo no plano físico ou na "dimensão tempo-espaço" a cada nova vida. Assim, cada Alma vive centenas de vidas na forma física.

As almas são imortais. Sua consciência ou "memória" é pura energia, e a energia não pode ser destruída. Contudo, pode ser transformada ou mudar de forma. É o corpo, portanto, que morre ao fim de cada jornada física. Cada vez que uma Alma retorna à dimensão física, ela entra num novo corpo e começa uma vida nossa. Essa é a essência da reencarnação.

O plano físico, no qual as Almas existem em corpos humanos, não é o lar natural delas. As Almas são energias vibratórias mais elevadas que moram no ambiente rarefeito das dimensões superiores. A existência da Alma no físico representa sua escolha e intenção de reencarnar repetidas vezes.

As almas sofrem de amnésia depois do nascimento num corpo humano. Há exceções, como nas ocasiões em que a morte numa existência anterior ocorreu devido a um trauma, numa guerra ou num acidente, por exemplo. Porém, a menos que a Alma reencarne numa cultura em que a reencarnação seja aceita, é fácil se esquecer de suas verdadeiras origens. Em outras palavras, somos seres espirituais que optamos por encarnar em corpos humanos, e não seres humanos empenhados em desenvolver identidades espirituais.

Cada um de nós é uma alma. Não temos Almas. Somos Almas. Optamos por encarnar em corpos humanos e vivemos várias vidas no plano físico ou na "dimensão tempo-espaço", como o planeta Terra. Contudo, as Almas sem dúvida não são do mundo físico. Elas parecem ter-se originado em planos dimensionais superiores, que as religiões organizadas freqüentemente chamam de "Céu".

O karma é a Lei de "Causa e Efeito". Para cada ação há uma reação. O que vai, vem. Cada um colhe o que semeia. Mesmo a "Regra de Ouro" é a Lei do Karma. Esse é um princípio comum, mesmo na cultura ocidental, em que a reencarnação e o karma não são aceitos como dogmas pela maioria das religiões oficiais ou na cultura dominante.

O karma é essencialmente um "Programa de aprendizado". Afinal, as Almas reencarnam para aprender duas lições kármicas fundamentais: o amor incondicional e o serviço a todas as formas de vida. Porém, são necessárias centenas de existências para dominar essas difíceis lições. Assim, em cada período de vida, a Alma assume o compromisso de aprender determinadas lições, a exemplo de uma pessoa que se matricula em certas matérias na faculdade a cada semestre, tendo por meta obter o grau de bacharel, de mestre ou de doutor.

As almas têm centenas de existências, pois essas vidas são como muitos cursos ou matérias que temos de estudar para nos qualificarmos a uma "graduação" na "escola kármica". Leva tanto tempo quanto o necessário para se atingir determinado "grau", isto é, "romper com o ciclo nascimento-morte da reencarnação" e não ser exigido mais o retorno à dimensão física.

Existe "bom karma" e "mau karma". Contudo, esses termos são ilusórios. "Bom karma", ou o que Edgar Cayce chamou de "a Lei da Graça", são simplesmente lições que aprendemos em vidas passadas ou, em outras palavras, as "disciplinas" nas quais fomos aprovados em nossa escola kármica. "Mau karma" são as lições que não aprendemos ainda, ou as "disciplinas" em que fomos reprovados e que temos de repetir.

"Bom" e "mau" são juízos que refletem as polaridades do bem e do mal, do verdadeiro e do falso, do preto e do branco, do certo e do errado, e têm sido o centro do nosso sistema de crenças nesta dimensão e de suas culturas dominantes ao longo da nossa História registrada.

Cada consideração do tipo "ou isto ou aquilo" complica o processo para a obtenção de domínio sobre as lições kármicas porque acrescenta dúvidas, negação e falsas expectativas, que são o centro da maior parte de nossas dificuldades de desenvolvimento pessoal e com relação às lições terapêuticas.

A "falsa culpa" é um caso clássico do assunto em questão. Por exemplo, se um dos pais morre quando a criança é ainda muito nova, é comum que ela se culpe pela morte do pai ou da mãe. "Devo ter sido uma criança má. Devo ter feito mamãe ou papai morrerem por causa dos meus 'maus pensamentos'." Esse é um exemplo de "falsa culpa". Muitos anos depois, a criança que habita no íntimo de cada adulto tem de aprender, por meio da terapia e do trabalho de desenvolvimento pessoal, que a morte de um dos pais não foi culpa dela. Contudo, é comum ser preciso anos de trabalho realmente árduo para a pessoa aprender a aceitar a verdade.

Vemos considerações do tipo "ou isto ou aquilo" todos os dias nos jornais e na tevê. Todo conflito, todo evento esportivo, todo processo legal, toda briga doméstica é a essência do "certo ou errado", do "bom ou mau", do "eu ou eles". Essas polaridades representam o conceito central de competição, a idéia que move a engrenagem da nossa sociedade.

Sim, conforme o karma, escolhemos viver aqui. Mas acredito que estamos aqui para aprender a trabalhar e vencer os desafios do pensamento do tipo "isto ou aquilo", não para ser consumidos por eles.

Não há nada de errado em tomar partido ou em defender nossas crenças, nem em admitir que erramos. Esses são exemplos saudáveis de ocasiões em que assumimos responsabilidade pelos nossos sentimentos e ações.

A responsabilidade pessoal é o primeiro passo para nos livrarmos da armadilha do "isto ou aquilo". O conhecimento de quem somos, de como nos sentimos, de como escolhemos agir é o centro da terapia e do trabalho de crescimento pessoal.

É o que Carl Jung chamou de "individuação". O fato de sermos indivíduos e de termos identidades distintas nos torna aptos para aceitar ou para recusar a participação e a cooperação dos outros para mudarmos os preceitos do pensamento polarizado.

Superar maus hábitos é um exemplo desse desafio. A idéia do "ou" induz o viciado em drogas a "apenas *dizer não* às drogas." Entretanto, acho isso por demais simplista. O centro do problema psicológico por trás do comportamento do viciado, tal como o vício da droga, é a co-dependência, isto é, a falta de identidade individual. Assim, como pode uma pessoa dizer "não" às drogas quando ela não tem idéia sobre os limites entre pais e filhos ou entre o traficante e o viciado?

Aprender as lições da responsabilidade pessoal é, creio eu, a luta de cada pessoa para recuperar sua essência espiritual como uma Alma separada, única e valiosa. Aprendendo a estabelecer limites saudáveis para o eu como um ser pensante, sensível e sensato, nos lembramos do âmago de nossa verdadeira identidade espiritual. Esse processo de resgate, aliás, conhecido como a cura das mágoas do eu inferior ou do ego, é o caminho mais produtivo em direção à unificação do ego e da Alma, em vez da perpetuação da idéia de que os dois estão envolvidos numa incessante "guerra de polaridade" entre o bem e o mal.

O caminho para a recuperação ou o casamento do ego com a alma deve passar através do portão negro das emoções "negativas", e não tentando evitá-las. É o cúmulo da ironia que a jornada da Alma em direção à Luz tenha de ser feita por meio das Trevas. A ira e o amor são, na verdade, a mesma energia. Para sentir o amor, a pessoa tem de seguir a sensação, exprimindo e analisando a raiva de alguém, não negando-a. Trata-se de uma realidade dolorosa e a expressão final de como a unidade com nossa essência espiritual só pode ser alcançada trabalhando nossas polaridades, e não tentando ignorá-las.

Quando a regressão a vidas passadas é proveitosa. A regressão é uma técnica que nos permite reviver e registrar sentimentos, fatos e traumas de vidas anteriores e sentir nossa ligação espiritual com o Eu Superior e com seus auxiliares angélicos. A regressão a vidas passadas é um instrumento de cura, não uma panacéia ou um "passe de mágica". É um outro método útil para ter acesso à memória, para fazer com que aflorem os sentimentos e para curar as feridas do passado.

Há diferentes e variadas técnicas de regressão, que vão da hipnose clínica à indução hipnótica, ao relaxamento progressivo e à meditação.

O método que eu uso é o da meditação de duas horas — ou nível alfa —, na qual a pessoa fica acordada, mas muito relaxada. Eu o comparo à exibição de um filme em que a pessoa que experimenta a regressão vê a sua própria vida passada. Eu sou, simplesmente, quem facilita o fenômeno. As respostas vêem do Eu Superior, percebido como "uma luz branca". Como em qualquer outra meditação, a regressão é um processo em que se recebem respostas num estado de relaxamento.

Para os que desejarem saber mais sobre como essas regressões funcionam, recomendo meu livro *Past Life Regression Guidebook*, que pode ser encontrado em livrarias esotéricas ou por meu intermédio, pelo correio.

A regressão facilita o trabalho com relação às lições kármicas, às emoções "negativas" e aos traumas da vida anterior porque é um processo seguro, sereno e relaxante. De fato, a maioria das pessoas relata, logo depois de uma sessão de terapia, o quanto se sentiram seguras de si e relaxadas.

Quando aplicada apropriadamente, a regressão acelera o trabalho com a complexa rede de defesas do ego, pois ela se prende como um raio *laser* nos acontecimentos da vida passada, que podem ter causado ou ajudado a causar os problemas da vida atual.

Grande parte do desafio enfrentado pela terapia e pelo trabalho de desenvolvimento pessoal está em reconstruir personalidades desestruturadas, descobrir a origem dos problemas e diminuir as resistências do paciente para descobrir a natureza desses problemas que precisam ser resolvidos.

Uma das vantagens da regressão é que ela envolve diretamente o lado direito do cérebro, ou o "eu intuitivo", no processo de recuperação e de cura. Isso diminui o controle do lado esquerdo do cérebro ou do "eu analítico" sobre o processo de cura, criando mais equilíbrio e integração entre os hemisférios direito e esquerdo do cérebro. Essa integração vai ao encontro dos objetivos da Alma quanto a reunificar-se com o ego, em vez de polarizar-se como se o ego fosse intrinsecamente "mau" ou "perverso".

Portanto, a regressão a vidas passadas é uma experiência espiritual mesmo quando as emoções que traz à tona são sombrias e "negativas". Isso reafirma a idéia de que o caminho para a luz passa pela escuridão. Em vez de resistir ou de evitar o que apenas aumenta o poder de seu lado escuro, a regressão torna segura a jornada espiritual da Alma tornando a ligá-la com o amor, com a sabedoria e com a proteção da luz branca.

As Almas encarnam no plano físico para resolver seus problemas kármicos, para aprender as lições do amor e do serviço incondicionais e assim romper o ciclo de nascimento-morte da reencarnação, retornando às dimensões superiores que são a morada da Alma.

A vereda das Almas na Terra é uma jornada xamânica em meio à escuridão da vida moderna, de volta à Fonte da luz branca. Não é uma viagem fácil, e há muitos impedimentos. Porém, é o caminho que todos nós escolhemos trilhar.

Enquanto estamos empenhados na penosa marcha da nossa existência física atual, é muito fácil esquecermos que nós, como Almas, somos seres multidimensionais. Escolhemos viver no físico ou na dimensão tempo-espaço. Escolhemos permanecer encarnados aqui por determinado número de vidas para completarmos nossa educação kármica.

Creio que é de suma importância nos lembrarmos, repetidas vezes, que nós, como Almas, somos seres espirituais ocupando corpos humanos por escolha própria. Não somos seres humanos em busca de uma identidade espiritual.

Assim, chegou a hora de cumprir o nosso dever de casa e aprender as lições da história de nossas vidas passadas. O poder de melhorar o nosso futuro está em nossas mãos e temos que assumir a responsabilidade de criá-lo. Acredito que a mestria é o caminho de volta (alguns o chamam de "ascensão"; outros, simplesmente de "rompimento do ciclo de nascimento–morte da reencarnação") que cada Alma trilha para se tornar um corpo iluminado nas dimensões superiores. Seja qual for o termo que você preferir, acho que essa "graduação" é a meta para completarmos nosso "dever de casa kármico".

CAPÍTULO 2

Definições

Reencarnação: Lei do retorno que determina a volta da Alma a um novo corpo físico, vida após vida.

RE	-	EN	-	CARNA	-	ÇÃO
retorno		ao		corpo		processo

Karma: Lei de causa e efeito – para cada ação, há uma reação. O que vai, vem. O karma é a razão pela qual as Almas reencarnam.

Karma não é castigo nem recompensa. É um programa de aprendizado para cada existência.

Bom karma (o que Edgar Cayce chamou de "a Lei da Graça"): Representa as lições que aprendemos em vidas anteriores.

Mau karma: São as lições que ainda não aprendemos. Sentimos o mau karma como "bloqueios", "problemas" ou até como "castigo".

Alma: A Alma (às vezes chamada de "consciência") é pura energia. A energia não pode ser destruída. Ela pode ser transformada (ter sua forma alterada). Portanto, a Alma é imortal. O que muda é o corpo que ela ocupa em cada encarnação.

Todos nós somos almas. Não temos uma Alma. Somos Almas. Ocupamos um corpo humano. Não somos o nosso corpo. Podemos possuir uma casa, um carro, um cão ou um gato. Mas não somos a nossa casa, o nosso carro, o nosso cachorro ou o nosso gato. A Alma pode entrar em contato com muitas outras entidades, tais como espíritos, fantasmas etc. Então, para que fique bem claro, procure entender que cada um de nós é uma Alma e que tudo o mais que estou definindo aqui não somos nós.

Astral e dimensões superiores: Há dimensões superiores em que existem energias ou formas que são menos densas do que as do plano físico, onde vivemos em corpos humanos. Os seres das dimensões superiores têm menos massa e podem se mover mais rapidamente do que as formas da terceira dimensão ou do tempo-espaço. Por exemplo, na quarta dimensão, ou no nível imediatamente acima do físico, está o "plano astral". A quarta dimensão é também, provavelmente, onde os anjos e os espíritos da natureza habitam. Energeticamente, eles vibram mais rápido e em geral não são visíveis aos olhos tridimensionais.

Exemplo: Você se lembra de quando brincava com piões na infância? Os piões podem nos ajudar a entender a diferença entre as dimensões. Quando gira muito rápido, o pião parece desaparecer por um segundo ou mais. Sabemos, pela experiência da gravidade, que ele vai girar cada vez mais devagar, o que o fará reaparecer. É assim que a energia se movimenta no plano astral. O pião, ao diminuir sua velocidade, pode ser comparado com a nossa reentrada na dimensão física.

O eu maior: A maioria dos livros sobre metafísica refere-se ao Eu Maior (aka, "a Alma superior") como uma "parte superior" de nós mesmos como Almas. Embora existamos de algum modo nas dimensões superiores, descobri uma irregularidade no meu trabalho sobre meditação, que muda a forma pela qual vim a definir o "Eu Superior".

O Eu Maior — algumas pessoas também o chamam de Eu Superior ou de Anjo da Guarda — quase sempre é uma antiga Alma que rompeu com o ciclo de "nascimento-morte" da reencarnação. Não tendo mais de voltar ao corpo físico, os Entes Superiores escolhem ser mentores (ou guias conselheiros) das Almas que ainda estão aprendendo lições kármicas no plano físico. O mesmo Eu Superior e a mesma Alma permanecem juntos vida após vida.

Capazes de se comunicar com a Alma durante uma meditação, a manifestação mais comum das Entidades Superiores é a luz branca. Essas entidades superiores se comunicam apenas por meio do amor, da beleza, da sabedoria e da bondade. A partir do momento em que a pessoa percebe essa entidade, ela não a confunde jamais com nada de ordem inferior.

Registro akáshico: É a consciência total e todo o conhecimento sobre as vidas passadas e outras dimensões. Esse registro não tem forma física na nossa dimensão. É percebido como se fosse um imenso manuscrito iluminado.

No intervalo entre as vidas, o Eu Superior e a Alma revêem juntos o Registro Akáshico, antes de tomarem qualquer decisão sobre a existência seguinte.

Metafísica: É o estudo dos fenômenos superiores ou invisíveis no plano físico.

Aura: Campo energético que circunda cada criatura que vive no plano físico, inclusive os seres humanos.

Corpo etérico: A primeira camada da aura é chamada de Corpo Etérico. Trata-se de uma camada de energia que interpenetra o corpo físico e é circundada pela aura. O Corpo Etérico obedece o contorno do corpo físico e normalmente se desintegra três ou quatro dias depois da morte deste.

Fantasmas: Minha melhor definição para um fantasma é: um corpo etérico que não se desintegrou depois da morte do corpo físico. Às vezes, o indivíduo que ocupou o corpo tem uma ligação emocional muito forte com o plano terrestre, tal como a casa em que viveu. Essa ligação do ego estabelece um fraco campo elétrico que age como uma lâmpada elétrica difusa ou uma "luz noturna" que impede a "luz" etérica de se extinguir. O corpo etérico é então mantido e não se desintegra.

Espíritos: Pela minha experiência, posso dizer que os espíritos são personalidades de uma vida passada, ou a memória – ou energia – da sua consciência. No caso de espíritos, o corpo físico morreu e o corpo etérico se desintegrou. Portanto, os espíritos não são fantasmas.

Os espíritos têm algo em comum com as Almas. Ambos são campos de energia. Assim, os espíritos, tal como as Almas, não podem ser destruídos. Os espíritos sentem que pertencem às dimensões superiores e não ao plano físico. Contudo, de forma diferente das Almas, os espíritos não podem reencarnar, apenas ocupar corpos físicos por um curto espaço de tempo, durante um transe numa sessão de canalização.

Às vezes, as pessoas têm dificuldade em diferenciar fantasmas de espíritos. Pela minha prática, concluo que os espíritos se nos afiguram como "hologramas". Eles se parecem com o que a pessoa foi em vida, contudo, com a aparência de quando era mais jovem e mais saudável. Por outro lado, os fantasmas normalmente não se parecem com seres humanos. São amorfos (não têm uma forma definida), e às vezes se apresentam apenas como uma luz cinza ou branca, cuja energia segue vagamente os contornos do corpo humano. É sempre possível reconhecer os espíritos imediatamente, ao passo que, na maioria das vezes, o mesmo não acontece com os fantasmas.

Guias espirituais: Todos os guias espirituais são espíritos. Alguns se oferecem como voluntários para ser mentor, instrutor ou para ajudar uma Alma. Esses espíritos se tornam Guias Espirituais. Freqüentemente, são assistentes do Eu Superior. As Almas podem solicitar um guia espiritual em particular. Por exemplo, alguns guias espirituais são membros da família que já faleceram. Às vezes, o próprio guia espiritual escolhe ajudar uma Alma que precisa de assistência ou de determinado conhecimento. Os guias espirituais quase sempre se juntam a uma Alma por motivos muito específicos e por períodos de tempo limitados. Atraímos esses guias quando precisamos deles. É como se os contratássemos para fazer um "serviço temporário".

O bardo: Trata-se de um lugar além do plano físico, onde as Almas fazem sua transição para dimensões mais elevadas. De acordo com a literatura metafísica essa passagem é como transpor um véu que separa as dimensões. Além desse véu está o Bardo, onde a Alma recebe o auxílio dos que já estão em espírito, e se prepara para a próxima vida.

Quando a alma está fora do corpo

A Alma fica fora do corpo durante o estado de coma e de inconsciência para não sentir a dor extrema, resultante de traumas e de doenças.

A Alma entra e sai do corpo quando resolve permanecer nele ou abandoná-lo, durante a doença ou o trauma. Quando, finalmente, a Alma sai do corpo, ele morre.

A Alma deixa o corpo quando ocorre a morte física. Ela pode sair antes, como nos casos em que o corpo é mantido vivo clinicamente, através de aparelhos, no hospital.

A Alma pode adiar o momento da morte até uma determinada hora, se quiser se despedir de algum ente querido ou ver um neto recém-nascido, por exemplo. Nesses casos, a Alma, que está fora do corpo, retorna a ele pouco antes da morte definitiva.

A Alma fica fora do corpo durante as "experiências de quase-morte" (EQM), isto é, quando a morte clínica ocorreu várias vezes, mas o corpo foi ressuscitado através de aparelhos médicos. Enquanto está fora do corpo, a Alma pede instruções ao Eu Superior, e retorna ao corpo. Quando ela retorna, a vida continua.

A Alma fica fora do corpo durante o estado de transe, em muitas meditações, inclusive na regressão, nas projeções astrais e mesmo em estado de sonho.

"Os estados alterados da consciência" são experiências fora do corpo. Quando sentimos o "observador mental" olhando para trás de nós, a Alma está fora do corpo. Pessoas que sofreram abusos ou que foram maltratadas na infância freqüentemente deixam seus corpos para evitar sentir dor ou qualquer coisa de que elas têm medo.

CAPÍTULO 3

A alma de minha mãe veio se despedir de mim

No início de setembro de 1984, durante uma onda de calor, minha mãe teve de ficar hospitalizada. Achei que ela tivesse sofrido um choque sem muita importância. Conforme seu médico, ela estava desidratada. Ela foi para casa, mas logo depois, no começo de outubro, voltou ao hospital, devido a uma fratura no quadril. Penso que a queda que causou a fratura foi outro "choque sem importância". Ela ficou no hospital por seis semanas, vindo a falecer no dia 19 de novembro.

Durante essas seis semanas, todos os dias, eu atravessava a cidade em meu carro, até o hospital, para vê-la. No início, ela parecia ter melhorado. Logo em seguida, quem caiu doente fui eu, com uma gripe forte. Acho que peguei o vírus durante minhas visitas ao hospital. Fiquei sem poder ir ver minha mãe por três dias. Quando voltei, ela havia entrado em coma. O médico disse que os pulmões dela estavam cheios de líquido, e em péssimo estado. Isso foi aproximadamente uma semana antes de ela morrer.

Eu só sabia que minha mãe estava morrendo. Então, telefonei para um astrólogo meu amigo e discutimos quanto tempo de vida lhe restava. Como a minha lua natal estava na cúspide da quarta casa do meu mapa, transitando por Urano e prestes a formar uma conjunção, eu compreendia o pouco tempo de vida que restava a minha mãe. O astrólogo concordou com minha conclusão. Ele disse que ela viria a falecer antes do Dia de Ação de Graças (22 de novembro daquele ano). Três dias antes, ela morreu.

No sábado, dia 17 de novembro, por volta das seis da tarde, depois de um dia cheio, fazendo regressões com pacientes, fui me postar ao pé do leito de minha mãe. Ela estava em coma profundo. Era mantida viva apenas por meio de aparelhos. Não se via ninguém da equipe médica por ali. Eu estava de pé ao lado da sua cama e segurava-lhe a mão, pela última vez. Então, tive uma experiência muito estranha. Como eu estava bem próxima da cama, tive a intuição de que a Alma dela não mais se encontrava em seu corpo.

Lembro-me de estar olhando em volta no quarto, como se pudesse "vê-la" em algum lugar do aposento, que não fosse na cama. O fato de, pela primeira vez, não haver nenhuma enfermeira prestando atenção nela ou em mim reforçou meu sentimento de perda. Deixei o hospital, logo depois, e fui para casa entregue à minha tristeza. Eu sabia que ela havia falecido, apesar de seu corpo físico ainda estar ligado aos aparelhos.

Na manhã seguinte, domingo, 18 de novembro, liguei para o médico de minha mãe e deixei um recado para que ele me ligasse, junto com o número dos telefones onde eu podia ser encontrada durante todo o dia. Ele me ligou por volta das duas da tarde, no apartamento dela, para onde eu tinha ido a fim de organizar uns formulários de seguro e outros papéis.

"Mamãe não vai se recuperar" – eu lhe disse ao telefone. Eu não sabia como expressar-lhe minha certeza sem dizer-lhe que a Alma dela não estava mais no corpo. Eu não queria fazer aquilo parecer "sobrenatural". Ele replicou, dizendo: "Ora, Bettye! Ela já me surpreendeu por três vezes antes, inclusive quando colocamos a válvula em seu coração há duas semanas." Eu sabia que ele estava apenas tentando me consolar, mas eu recusava a aceitar suas palavras. "Não, doutor. Ela não vai se recuperar desta vez." Eu desejava que ele fosse sincero comigo, em vez de fingir. Eu sabia a verdade. Só lamentava não poder dizer-lhe como eu sabia.

Desliguei o telefone e fui para o meu carro, estacionado em frente ao apartamento de mamãe. O pneu traseiro do lado direito estava com um furo, justo naquele momento. Os pneus traseiros de um veículo são seu principal ponto de apoio. Da mesma forma, eu estava perdendo a pessoa mais importante para mim. Metafisicamente, senti que o Universo confirmava minha intuição sobre minha mãe.

Um domingo à tarde não é o momento mais adequado para se encontrar uma oficina mecânica, mesmo em Los Angeles, onde muitas permanecem abertas 24 horas por dia, sete dias por semana. Só encontrei um borracheiro que tinha o pneu que eu precisava, sabia trocá-lo e balanceá-lo, quando estava perto de casa. Já era fim de tarde e eu ainda nem tinha almoçado. Então, entrei para jantar.

Logo depois das seis horas, sentei-me no sofá na sala de estar, segurando um prato de comida. Reinava absoluto silêncio no prédio. Lá fora estava escuro e as cortinas e janelas estavam fechadas. De repente, vi, bem atrás de mim, uma forma gasosa vir de fora para dentro através da parede exterior, coberta por uma cortina. Silenciosamente, o vulto pairou logo abaixo do teto, saindo em seguida — pela porta da frente, trancada.

Não tive dúvidas nem por um instante. Aquela era mamãe. Eu simplesmente sabia que ela tinha ido me dizer adeus porque eu não pude ir ao hospital para vê-la. Não senti medo de forma alguma — apenas tristeza.

Na manhã seguinte, segunda-feira, 19 de novembro, eu estava dando uma consulta astrológica em meu escritório, entre nove e onze horas. Por volta das dez e quarenta, o telefone toçou e a secretária eletrônica gravou o recado. Quando meu paciente saiu, vinte minutos depois, fui até o telefone ouvir o recado. Não tive dúvidas, desde que o aparelho tocou, de que era do hospital para me avisarem de que minha mãe havia falecido. Eu estava certa. O médico dela me pedia para ligar-lhe imediatamente.

Às onze em ponto, telefonei para o hospital. Chamado pela enfermeira, o médico pegou o fone e foi logo dizendo: "Você estava certa, e eu, errado. Declarei sua mãe clinicamente morta às dez e quarenta desta manhã."

Sei muito bem que minha mãe tem estado comigo em espírito desde sua morte, há dois anos. Sinto a presença dela quando fecho os olhos para começar uma regressão, ou quando dou uma aula de meditação.

Uma vez eu a vi, em espírito, usando o suéter azul favorito do meu avô. Ela sentou-se perto da minha cama, numa manhã, no momento exato em que acordei. "Mamãe está aqui!", eu me lembro de ter exclamado.

Freqüentemente sinto sua presença à noite, quando estou para pegar no sono. Vejo cada detalhe da casa onde me criei. Mamãe a adorava e ficou triste ao deixá-la.

Desde que minha mãe morreu, ela sempre tem sido um de meus guias espirituais. De vez em quando, ela está acompanhada pelos espíritos de meu pai e de meus avós. É sempre emocionante vê-los todos juntos.

Entretanto, quase tenho certeza de que a Alma de minha mãe, agora, está reencarnada. Nunca mais eu a vi desde aquela noite, em novembro de 1984.

CAPÍTULO 4

O que acontece depois da morte?

Depois da morte do corpo, a Alma ultrapassa uma barreira que separa o plano físico (também conhecido como a dimensão tempo-espaço) de um não-físico, um estado "entre-vidas" chamado de Bardo.

Nas "experiências de quase-morte" (EQM), as Almas não conseguem penetrar nessa barreira e voltam aos seus corpos físicos.

Contudo, as Almas já prontas para reencarnar abandonam o corpo físico e ele morre. Essas Almas atravessam com facilidade a barreira para o Bardo.

Elas estão ligadas a entes queridos já falecidos. Estes, em espírito, ajudam o que faleceu recentemente a tomar consciência de que está nas dimensões superiores, o que torna mais fácil a sua transição.

No início, uma Alma pode ficar algo confusa quando retorna aos domínios superiores. Ela precisa de tempo para se readaptar e para atuar nesse ambiente.

Quando o falecimento é recente, algumas Almas até retornam à Terra logo depois da morte, permanecendo aí desencarnadas por semanas, meses ou anos, até que algum acontecimento específico venha a ocorrer. Por exemplo, ela pode ficar junto a entes queridos ainda encarnados (no corpo físico) até o fim do luto que eles estiverem guardando por ela.

As Almas podem passar anos desencarnadas no plano físico antes de voltar ao Bardo. Por exemplo, se alguém que lhe seja caro, ainda encarnado, reprime suas lágrimas e não desabafa, isso pode impedir que uma Alma se desligue do mundo físico e siga seu caminho em direção à vida seguinte.

Uma vez que a Alma tenha finalizado sua ligação com o plano físico, ela retorna ao Bardo, onde se reúne ao Eu Superior e revê o registro akáshico. Esse processo é decisivo para o planejamento da vida seguinte. Ele inclui a análise da existência anterior e das demais vidas passadas. Comparo essa "Revisão Akáshica" a um "boletim" no final do ano escolar.

O processo de revisão ajuda a Alma a planejar a existência seguinte. Ela tem de tomar decisões sobre assuntos tais como o tempo e o lugar do nascimento, quem serão seus pais, tipo de corpo, de cultura, de religião, de deficiências se for o caso, de propósito espiritual e de muitos outros assuntos.

Depois que a revisão é feita, a Alma retorna ao plano físico e se reencarna num novo corpo, começando uma nova existência.

A maioria das Almas não tem pressa em recomeçar uma vida no plano físico. Algumas permanecem no limbo por séculos antes de entrar num novo corpo. Para algumas pessoas, isso pode parecer "preguiça". Na verdade, isso talvez represente uma "pausa para descanso" após uma vida kármica difícil. As razões que determinam o intervalo "entre as vidas" parecem variar de acordo com a pessoa e com a circunstância.

As únicas Almas que parecem se apressar para voltar ao plano físico são aquelas cujas vidas imediatamente anteriores foram bruscamente interrompidas (como a morte ocorrida numa guerra ou num acidente). Tenho observado, sem exceção, nas regressões com pessoas que morreram na II Guerra Mundial, que elas nasceram nos sete anos seguintes ao fim do conflito. Quando perguntei o porquê, elas invariavelmente disseram que morreram muito jovens e que queriam completar o que ficou por fazer na vida anterior.

Nos casos em que se trata da morte de uma criança, creio que é reconfortante saber isso — suas Almas retornam à mesma mãe, às vezes em um ou dois anos, depois da sua morte na vida anterior.

Tenho até mesmo encontrado crianças que se lembram de sua morte, ocorrida recentemente, bem como de irmãos que faleceram há muito pouco tempo. Eles podem relatar como e onde morreram, e mesmo descrever seu médico ou o quarto do hospital. Isso acontece, mesmo quando os pais nada contam à criança, além do fato de terem tido um irmão ou irmã que já morreu.

Por outro lado, se a morte ocorreu após uma longa doença, a Alma pode passar um longo tempo no Bardo, antes de entrar num corpo e de começar uma nova existência. Uma doença que se prolonga por muito tempo parece desgastar a Alma. Literalmente, ela precisa de tempo para reencarnar.

O tempo entre as vidas varia de acordo com as circunstâncias, inclusive de acordo com o modo como a morte ocorreu no fim da existência anterior.

Você pode achar que um longo intervalo entre as vidas representa uma fuga das lições difíceis. Ironicamente, não tenho visto muitos casos assim. Acho que as Almas são excessivamente generosas, durante o período "entre-vidas", com relação às escolhas que elas fazem e às dificuldades que elas assumem. Podem, por exemplo, encarnar em famílias desajustadas, violentas ou com membros alcoólatras.

A razão para a maioria das escolhas difíceis parece ser o "desprendimento". As Almas não têm emoções quando estão fora do corpo. Somente no corpo elas as sentem e, talvez, se arrependam das escolhas feitas no período "entre-vidas" As Almas querem realmente resolver suas lições kármicas. Elas só parecem se esquecer de quanta dor estão arrumando para si próprias, sob certas circunstâncias, uma vez iniciada a vida seguinte.

Dado o crescente interesse nas experiências de "quase-morte" (EQM), achei conveniente fornecer uma lista de algumas organizações de pesquisa na área.

International Association of Near Death Studies Inc.; The University of Connecticut; Box U-20; Storrs, Conn. 06268. Fone: (203) 486-4170.

International Association for Near Death Studies; Box 23; Bryn Allyn, PA 19009.

International Institute for the Study of Death; Box 8565; Pembroke Pines, FL 33084.

Near Death Experiences Project; Director, Professor Howard Mickel; Box 176; Wichita State University; Wichita, KS 67208.

Você também encontrará algumas sugestões na bibliografia sobre esse assunto para leituras adicionais. Infelizmente, não disponho de espaço neste livro para relacionar mais do que alguns poucos livros selecionados.

CAPÍTULO 5

Conheci você antes?

Muitos se interessam pela reencarnação porque já encontraram alguém que lhes pareceu familiar logo à primeira vista. A primeira reação das pessoas pode ser investigar se a outra morou, trabalhou ou estudou no mesmo lugar que elas. Tentam explicar o sentimento de familiaridade, mas não conseguem encontrar algo em comum nesta vida. Então, começam a ponderar se não conheceram essa pessoa numa vida anterior.

Essa situação é a razão mais comum para que as pessoas se interessem em estudar a reencarnação. Freqüentemente são tomadas por dúvidas que as fazem interromper tudo, mas continuam tendo a sensação de ter conhecido a outra pessoa antes.

Esse conflito faz com que desejem ir até o fundo do mistério e encontrar respostas. É, muitas vezes, o começo de uma longa busca espiritual pessoal.

Encontrar alguém que tenhamos conhecido antes quase sempre nos faz aprender sobre nós mesmos. Os relacionamentos tornam as pessoas cientes de seus próprios problemas. Encontrar Almas não é tanto uma oportunidade para completar um relacionamento de vida passada, mas o desafio de se defrontar com algo inacabado em nosso próprio passado.

Assim, as pessoas procuram meios de confirmar os sentimentos que tiveram durante esses encontros. Elas procuram formas de confirmar que, na verdade, tiveram relacionamentos na existência anterior e os reiniciaram nesta vida.

Quatro variações de déjà vu

1. Quando você encontrar uma pessoa e sentir que já a conheceu antes, faça os quatro testes seguintes, pois eles o ajudarão a verificar se a sensação é verdadeira, ou seja, se você realmente conheceu essa pessoa numa vida passada:

a) *Os olhos:* Os olhos são, literalmente, as janelas da Alma. Olhe nos olhos da outra pessoa. Observe se você sente alguma familiaridade durante o primeiro encontro. Esse sentimento instantâneo é o mais forte indicador de algum laço na vida passada.

b) *As primeiras impressões:* Observe suas primeiras reações diante de alguém que lhe pareça familiar. Atente para seus primeiros pensamentos e sentimentos. Você está recomeçando de onde você deixou aquela Alma numa existência anterior. As primeiras impressões são intuitivas e normalmente baseadas numa experiência de vida passada. Isso é especialmente verdadeiro quando suas primeiras reações parecem não ter nenhum sentido para você, nesta vida.

c) *Pensar em alguém a distância:* Se a pessoa, repetidas vezes, lhe vem à mente quando está distante (por exemplo, você sente o impulso de lhe telefonar no exato momento em que ela tentava ligar para você), isso indica uma ligação de vidas passadas.

d) *Quando os pensamentos de ambos se completam:* Quando você costuma dizer em voz alta o que uma outra pessoa em particular está pensando ou começando a dizer, há indício de que vocês se conheceram antes, em existências passadas.

2. Quando você vai a algum local onde nunca esteve na vida e sente alguma familiaridade com o lugar desde o momento em que chegou, pode ter certeza de que já esteve lá numa vida anterior. Essa é uma idéia clássica de *déjà vu*. Você pode também descobrir que sabe a língua do lugar, os costumes, o vestuário, os pratos típicos, a cultura, a história e até mesmo como se orientar sem mapa ou guia. Você já esteve lá antes.

3. Quando você é capaz de fazer algo com facilidade, sem nunca ter aprendido sobre aquilo, enquanto outros lutam em igualdade de condições sem nada conseguir, você fez isso em uma outra vida. O exemplo mais típico disso é a "criança prodígio", tal como Mozart, que tocava órgão aos três anos de idade e compunha aos cinco.

4. Quando você tocar um objeto com o qual você teve ligações numa vida passada, terá lembranças da vida em que você o tocou pela primeira vez. Exemplo: se você morreu num terremoto numa vida anterior, e se nesta vida você tocar as pedras sob as quais você morreu, será capaz de sentir a energia daquele terremoto, ou, pelo menos, sentirá um medo ou dor repentinos que não poderão ser explicados pelas experiências desta vida.

Quando você encontra alguém que conheceu antes, vai a algum lugar que freqüentou numa outra vida, readquire uma capacidade, ou toca um objeto com o qual teve afinidade numa existência anterior, você desperta as lembranças de vida passada.

Três tipos de Almas Gêmeas

Há muita fantasia com relação às Almas Gêmeas. Elas não são nossos amores ideais. Algumas são, mas esse não é o caso da maioria dos nossos relacionamentos.

Há três categorias de Almas Gêmeas

1) Na categoria 1 (de longe, o maior grupo) estão as Almas Gêmeas que se unem porque cada uma delas tem uma lição a aprender, e é com esse relacionamento que esse aprendizado ocorrerá.
2) Na categoria 2, estão as pessoas que têm débito kármico, isto é, há algo que elas precisam fazer juntas, mas a possibilidade de que venham a ter um relacionamento mais íntimo está descartada.
3) Na categoria 3, estão os indivíduos que ficam juntos por toda uma vida, numa relação amorosa (essa categoria nos traz a idéia correta de Almas Gêmeas). Infelizmente, dos três grupos, este é o menor.

Relações de aprendizagem kármica entre as Almas Gêmeas

a) Às vezes, as Almas Gêmeas se reconhecem em função de uma vida passada, e começam a se relacionar. Cada uma delas aprende as lições de que necessita e uma ligação amorosa se desenvolve entre elas.
b) Às vezes, uma Alma Gêmea mostra resistência em aprender suas lições. Então a outra se separa dela porque esse é o único caminho para seu desenvolvimento pessoal.
c) Algumas vezes, há um débito kármico de uma vida passada, e a separação só pode ocorrer depois do "débito ter sido pago". Por exemplo, uma Alma Gêmea roubou dinheiro da outra e pagou esse débito lhe deixando uma herança.
d) As Almas Gêmeas Kármicas são desafiadas com suas lições desde o momento em que se encontram, mesmo que não compreendam isso imediatamente.
e) Há casos em que o encontro das Almas Gêmeas é breve, e portanto não há tempo suficiente para estabelecer uma liga-

ção. Uma Alma Gêmea se afasta da outra quando não está pronta para concluir seu aprendizado ou se mudou de idéia quanto a ter um relacionamento.

f) Se uma Alma Gêmea falha em seu compromisso, ou se não está pronta para aprender as lições kármicas com a outra, a despeito de seu acordo na vida passada, outra Alma que esteja preparada para assumir a missão substitui a que se foi. Essa substituição não tem, necessariamente, de ser feita por alguém que você tenha conhecido antes da atual existência.

Ninguém é obrigado a aprender com alguma Alma em particular, nem a assumir tarefas para as quais não esteja preparado! As Almas têm sempre liberdade de escolha, mas são sempre responsáveis por aquilo que escolhem. Em outras palavras, ninguém pode viver suas vidas por você!

Almas Gêmeas com elos kármicos

Dharma é o dever da Alma de restituir ao Universo, ou de estar aqui para cumprir seu propósito espiritual. Não é a mesma coisa que Karma, o plano de aula que estamos aqui para aprender. Eu comparo o Karma às matérias obrigatórias para a graduação numa faculdade; o Dharma seriam as matérias optativas.

Compromissos dhármicos são acordos entre Almas Gêmeas de fazer determinadas coisas juntas. As Almas Gêmeas Dhármicas podem ser pais e filhos, sócios num negócio, amigos, familiares, quaisquer indivíduos que escolheram executar projetos juntos.

Outras razões para as Almas Gêmeas se reencontrar

Algo foi deixado incompleto numa vida anterior e está sendo concluído agora, tais como pessoas que morreram sem ter constituído uma família e se reúnem agora para ter uma.

As Almas são freqüentemente atraídas para determinada localidade geográfica, onde viveram antes, porque deixaram de fazer algo lá, numa existência anterior, e precisam tratar disso agora.

Às vezes, a Alma deve resgatar um débito kármico, tal como restituir um dinheiro que deve a alguém. Freqüentemente, os relacionamentos de vida passada refletem lições mútuas para as Almas Gêmeas, que são aprendidas ao longo de diversas existências. Por exemplo, pais e filhos reencarnam com papéis inversos, ou inimigos de uma vida passada aprendem a confiar um no outro.

Eu chamo esses relacionamentos entre Almas Gêmeas de "Espelhos Kármicos". Eles refletem os mesmos problemas, até que sejam resolvidos.

CAPÍTULO 6

As personalidades de vidas passadas influenciam quem somos agora

Por meio de regressões a vidas passadas, tenho visto muitos exemplos de como nossas personalidades de existências anteriores continuam a nos influenciar na presente. Eis alguns dos exemplos mais comuns que descobri.

1) Podemos não ter a mesma personalidade que tivemos numa vida anterior, e que esteja influenciando o presente. Uma vez que começamos de onde paramos numa vida passada, podemos cultivar sentimentos e crenças nesta existência que já não são mais adequados. Podemos ter, por exemplo, um preconceito ou aversão por uma pessoa ou por um grupo com quem tenhamos, agora, de aprender a nos dar bem.

2) Podemos não ter agora o mesmo relacionamento ou parentesco que tivemos com uma outra pessoa numa existência passada. Isso pode nos perturbar, fazendo com que nos comportemos de forma inadequada. Por exemplo, um irmão ou filho,

que foi pai na vida passada, pode estar tentando perpetuar o papel de pai exercido na existência anterior. Esse comportamento dificulta o relacionamento na vida presente, e deve ser mudado.

3) Podemos ter um relacionamento com uma pessoa que não esteja pronta para compartilhar as nossas crenças, ou seja, de que tenhamos nos conhecido numa vida anterior. Podemos ter vívidas lembranças disso, mas a outra pessoa, não. Teremos então de aprender a aceitar que cada um de nós tem suas próprias verdades.

4) Também é comum que uma pessoa tenha, agora, a mesma personalidade que teve numa existência anterior, e que possa estar, de fato, revivendo, em trajes modernos, o papel de uma vida passada. Na maioria das vezes, isso é próprio de pessoas que têm uma forte identificação com uma cultura, com uma língua, com uma religião ou com uma nacionalidade diferente da que tem nesta vida. Isso me faz lembrar de um pianista, branco, que tocava *jazz* em New Orleans sem ter tido nenhuma formação nessa área. Descobriu-se que ele fora negro numa existência anterior; daí o seu talento.

5) A vida passada mais importante ligada com o presente pode não ter sido a imediatamente anterior a esta existência. O tempo é fluido. As Almas têm liberdade de escolher quando reiniciarão numa vida subseqüente uma lição kármica, um dom ou um relacionamento.

Quando comecei a fazer regressões em 1980, a primeira vida passada que me influenciou quanto a começar minha busca espiritual foi como um índio comanche do século XVIII. Minhas lembranças daquela existência foram tão fortes, que, durante meditações, captei informações historicamente corretas e precisas, que confirmei posteriormente ao pesquisar numa biblioteca.

6) Durante a regressão, só vêm à superfície vidas passadas que sejam importantes para nós ou outras experiências que tenham nos influenciado. Não é preciso que tenhamos consciência de detalhes sobre uma vida passada que possam nos afetar nesta vida. Por exemplo, as experiências do *déjà vu*, isto é, quando nos encontramos com alguém que tenhamos conhecido numa vida passada, são exemplos clássicos de como isso funciona.

Em meditação, aprendemos a "deixar de lado nosso próprio jeito de ser". Isso significa que a meditação é um processo em que recebemos informações. Não fazemos nada acontecer. Simplesmente temos de desejar aceitar as experiências decorrentes do estado alterado, sem julgá-las. O Eu Superior faz o resto.

7) Um dos meios mais eficazes para aprendermos e compreendermos como as relações de nossa vida passada estão nos afetando agora é ficarmos alertas quanto às discrepâncias entre o que esperamos ou acreditamos sobre uma outra pessoa e o modo como ela está agindo. Quando nossas reações com relação a uma pessoa não condizem com o seu comportamento ou com a sua personalidade nesta existência, precisamos procurar indícios sobre quem ela pode ter sido numa vida passada. Esses indícios são as diferenças entre a pessoa que conhecemos agora e a outra a quem estamos reagindo, uma pessoa que provavelmente conhecemos numa vida anterior.

Caso você acredite estar vivendo um relacionamento que tem origens na vida passada, eu recomendo que faça a si mesmo quatro perguntas.

1) Por que este relacionamento ocorreu na minha vida?

2) Por que está ocorrendo agora?

3) Como essa personalidade da vida passada está me influenciando agora?

4) Qual é a lição kármica que tenho que aprender com esse atual relacionamento?

Aconselho você a ler o meu livro *Past Lives, Present Karma Workbook*, para obter as respostas a essas perguntas, especialmente a número 4.

Se começarmos a resolver agora os nossos atuais problemas, começaremos também a identificar as lições que trouxemos de vidas passadas. Esse é o aspecto mais importante do relacionamento, pois a outra pessoa é freqüentemente nosso "espelho kármico". Em psicologia isso é chamado de "projetar a sombra" (isto é, ver os próprios defeitos refletidos em outra pessoa, em vez de assumi-los como nossos). Os relacionamentos kármicos nos desafiam a trabalhar por meio das nossas próprias capacidades.

As almas andam em grupos

Membros da mesma família, pessoas que trabalham juntas, colegas de escola e outros grupos freqüentemente também viveram em grupo em vidas passadas. As Almas, muitas vezes, viajam em grupos de uma existência para outra.

No caso de famílias, é comum duas Almas que se conhecem reencarnarem como pai e filho, ou como irmãos. Os papéis de uma vida passada podem ser invertidos (por exemplo, quem é pai nesta vida, foi filho numa vida anterior).

No ambiente de trabalho, empregados e patrões podem ter-se conhecido antes. Tenho visto escritórios cujos funcionários, provavelmente, eram membros da mesma família numa vida anterior. Há, literalmente, rivalidade entre irmãos e parcerias entre pais e filhos. Por exemplo, conheço uma mulher que se sentia intimidada por um chefe que não causava medo em mais ninguém naquele departamento. O problema era o medo dela, e não o comportamento dele. Em uma sessão de regressão, ela descobriu em qual vida passada teve origem esse medo.

Os alunos de uma classe podem, literalmente, ter sido membros de um mesmo grupo anteriormente. Uma vez, dei aulas para uma classe que era composta por duas facções guerreiras de uma invasão acontecida a centenas de anos. Na noite em que uni os dois grupos para fazermos uma meditação, descobrimos que uma parte da classe tinha invadido o país da outra parte. Eles estavam juntos agora para perdoarem uns aos outros pelas atrocidades da vida passada e acabar com a desconfiança que, nesta existência, já não fazia mais sentido.

Quando esses grupos de Almas se encontram, outros assuntos relacionados com o grupo vêm à tona: seu karma, seus problemas religiosos, étnicos, raciais e culturais. Conflitos que perduram por gerações são a causa principal para essas Almas trocarem de lugar e de lado vida após vida. Isso poderia explicar parcialmente as animosidades que resistem a longos períodos. Isso é semelhante à troca de papéis que ocorre em famílias e em locais de trabalho (por exemplo, pais que reencarnam como filhos; chefes autocráticos que talvez foram escravos numa vida passada).

Tenho visto numerosos exemplos de pessoas que se associam com grupos culturais ou religiosos totalmente estranhos à formação que tiveram nesta vida. Entretanto, elas se sentem muito à vontade nesse "ambiente estranho". Durante uma regressão, essas pessoas podem descobrir que numa vida passada tiveram uma forte identificação com o outro grupo, tanto que sentem uma ligação muito maior com relação a esse grupo do que com aquele ao qual pertencem nesta vida.

Conheço uma mulher que, por ter sido um padre numa vida passada, conhecia profundamente os rituais católicos. Nesta vida, no entanto, ela não nasceu numa família católica.

Conheço outra mulher que tinha uma clientela judia e se identificou com ela, apesar de não ter nenhuma herança judia nesta vida. Na regressão, ela veio a saber que morrera num campo de concentração nazista na II Guerra Mundial.

Também conheço um homem negro que descobriu ter sido um branco intolerante, do Sul dos Estados Unidos, há 150 anos. O fato o ajudou a entender melhor por que ele tinha dificuldade em aceitar o fato de ser negro nesta vida.

As pessoas que têm lições a aprender juntas costumam trocar papéis, vida após vida, fazendo parte das mesmas famílias, equipes de trabalho, salas de aula, grupos raciais, étnicos ou religiosos. Isso não ocorre por acaso. Essa troca de papéis é um meio apropriado de aprendizagem.

Muitas vezes, o fato de manter os mesmos padrões de comportamento de uma existência anterior é um eficaz instrumento de aprendizagem. Por exemplo, se discriminamos determinado grupo numa vida passada, é muito bom que nos tornemos um membro desse grupo numa existência posterior. Isso não é um fato anormal, mas uma escolha consciente. Ele nos ajuda a saber como é usar sapatos de tamanho menor, por assim dizer.

Essa troca de papéis ou de lados não é feita com a intenção de nos punir pelas nossas más ações. A intenção é que, como Almas, tenhamos livre-arbítrio; e nós escolhemos, livremente, conhecer a vibração oposta. Esse é o modo mais efetivo de compreender o que, anteriormente, fizemos de errado ou de forma inadequada. Sofrendo as conseqüências do que criamos, nós aprendemos a mudar o nosso comportamento ou as nossas crenças. Por exemplo, podemos aprender a ser tolerantes, em vez de preconceituosos.

As Almas reencarnam juntas, em grupos, e invertem seus papéis em diferentes existências para facilitar o aprendizado de suas lições. As Almas que viajam em grupos acham que as dinâmicas de grupo são mecanismos efetivos para aprender a ter domínio sobre si mesmo, e para a aprendizagem de todo o grupo.

CAPÍTULO 7

Karma e aprendizagem das lições de nossas vidas passadas

O karma é a lei de causa e efeito. Para toda ação há uma reação. O que vai, vem. Você colhe o que você planta.

O karma é erroneamente considerado uma punição pelas más ações. Isso é verdadeiro apenas quando se trata de "débito kármico", em que a Alma literalmente deve algo para uma outra Alma, devido a ações de vidas passadas. Com exceção desse caso em especial, o karma não é punição nem "pagamento".

O modo mais fácil de se entender o karma é concebê-lo como um "plano de aula" ou um "currículo" que a Alma escolhe no estágio intermediário entre as vidas, como um estudante escolhe as matérias ou "cursos" que vai estudar, antes de iniciar um novo ano letivo.

Esse "plano de lições kármicas" é trazido para a nova vida na ocasião do nascimento, como uma fotocópia que se revela à medida que a vida se desenvolve. Cada desafio, obstáculo ou lição com que a Alma depara é um capítulo desse "plano de aula". Vamos à escola para aprender, não para ser punidos.

"Mau Karma" × "Bom Karma"

O "Mau Karma" são as lições que não aprendemos em vidas passadas. Essas lições são percebidas como obstáculos, problemas e desafios nesta existência. Podem parecer punição, mas nada mais são do que lições kármicas não-resolvidas em vidas passadas.

O "Bom Karma" (o que Edgar Cayce chamou de "a Lei da Graça") são as lições que aprendemos. Nós as experimentamos como coisas que fluem fácil e naturalmente na nossa vida.

Algumas pessoas aprendem as lições com facilidade e outras lutam e resistem ao aprendizado. Muitos, por causa do medo, aprendem pelo modo mais difícil. Sua luta representa a resistência ao aprendizado das lições que elas próprias escolheram.

Conforme a teoria metafísica, as Almas escolhem se desligar da "Fonte" e encarnar em corpos físicos para vivenciar o conhecimento total que já tinham. As Almas acreditavam que poderiam sempre entrar e sair desses corpos humanos como bem entendessem. Contudo, ficaram presas a eles ao desenvolverem o ego (às vezes, chamado de "ligações", "ilusões" ou "desejos"). Assim, as Almas criaram o karma (mau e bom) para si próprias. Elas precisam aprender as "lições kármicas" antes de poder voltar à "Fonte" (que você pode preferir chamar de "Deus").

O que foi "a queda"?

Creio que essa idéia metafísica aparece na literatura religiosa como "a queda" de Adão e Eva do Jardim do Éden. Prefiro interpretar essa "queda" como a ocasião em que as Almas deixaram a Fonte (isto é, o "Paraíso") para descer ao plano físico ou para a dimensão tempo-espaço (ou seja, a "Terra").

Também acredito que a "maçã" que Eva supostamente ofereceu a Adão foi o conhecimento e a experiência adquiridos da vida encarnada (isto é, num corpo humano), em oposição à desencarnada (sem um corpo), que é o estado natural da Alma. Portanto, acredito que a saída do "Éden" reflete o começo do processo da reencarnação na forma física.

Recomendo a leitura do livro *Reincarnation in Christianity*, de Geddes MacGregor, Ph.D.

A Escolha da Alma: Aqui, a idéia-chave da metafísica é que nós, como Almas, temos sempre a oportunidade de escolher. Escolhemos onde e quando reencarnar, quem serão nossos pais, qual nossa raça, religião, nacionalidade, sexo, e quais as lições kármicas que teremos que aprender em cada existência. Estabelecemos essas escolhas antes de entrar num corpo físico e começar uma nova vida. Também podemos mudar de idéia a qualquer momento, antes ou durante qualquer existência.

Na minha experiência com as regressões, descobri que é a Alma que escolhe o aborto provocado, o espontâneo e mesmo a morte do recém-nascido, quando ela, na verdade, não quer ficar aqui. A Alma também pode adiar o tempo do nascimento por algum motivo específico, sendo possível retornar posteriormente à mesma mãe, na mesma existência, às vezes como uma criança do sexo oposto. A Alma também pode mudar de idéia quanto ao período em que ficará encarnada numa determinada existência, aumentando ou abreviando esse período.

As escolhas feitas por uma Alma afetam também outras Almas com quem ela está ligada. As decisões da Alma Gêmea, sobre a qual falamos no capítulo anterior, são um ponto em questão.

As decisões sobre o nascimento são tomadas em conjunto, pela criança e pela mãe, e não apenas pela mãe. As escolhas feitas pelo pai também influenciam a época do nascimento de uma Alma ou se ela vai escolher ou não nascer. Por exemplo, se o pai não quer o filho naquela ocasião, a Alma da criança pode adiar o nascimento (falecendo ao nascer, por exemplo) para uma ocasião posterior, quando os pais desejarem o nascimento do filho.

Exemplos de escolhas da alma — Estudo de casos

As deficiências físicas, sejam de nascença ou causadas por acidentes ou por ferimentos de guerra, são planejadas pela Alma para que ela possa superar um desafio e estimular seu crescimento. Não se tratam, de forma alguma, de punições.

Um exemplo disso é como os veteranos da Guerra do Vietnã, deficientes físicos, engajaram politicamente os deficientes civis (agora chamados de "deficientes física e mentalmente") fazendo-os reivindicar seus direitos como cidadãos. Até a nossa língua [o inglês] teve de mudar para adaptar-se a esse novo conceito kármico a partir do momento que os deficientes se pronunciaram a respeito.

Um outro exemplo de escolha da Alma é a presença de uma doença ou de um ferimento, nesta existência, que parece ter ocorrido ou até mesmo provocado a morte da Alma numa vida passada. Isso exemplifica o conceito da "memória celular".

Em regressões, descobri que os desamparados, os impotentes e os vitimados foram com freqüência arbitrários, violentos, até mesmo tiranos impiedosos que, em vidas passadas, nunca resolveram as questões relacionadas com sua raiva, e, freqüentemente, com sua culpa. Assim, essa luta interior continua e pode se manifestar exteriormente como ferimentos ou deficiência física.

A resolução da questão central do autofortalecimento e da auto-afirmação normalmente leva a pessoa a tornar-se mais receptiva ao Eu espiritual. Isso geralmente a motiva a trabalhar a sua raiva e o seu ressentimento, relacionados à perda de um membro do seu corpo, por exemplo, e a aprender a amar um Poder Superior e a melhorar a sua qualidade de vida no plano físico agora.

A superação da co-dependência e do comportamento inadequado nos relacionamentos demonstra como o aperfeiçoamento é uma meta que as Almas podem procurar atingir enquanto estão no mundo físico. Superando a raiva, o ressentimento, a culpa e o medo, as Almas podem recuperar sua identidade espiritual.

Há seis categorias de problemas ligados a esse processo de cura, que geralmente surgem nas regressões a vidas passadas.

1) *Inversões de papéis familiares:* Membros da mesma família trocam seus papéis de uma existência para outra. Por exemplo, um filho que já foi pai de um dos seus pais atuais, ou uma figura autoritária numa vida passada que agora é um subordinado.

2) *O estranho:* Às vezes, um dos membros da família sente-se rejeitado ou não amado. Isso pode decorrer da sua escolha de encarnar numa família com a qual não tenha nenhum vínculo kármico, tornando-se, assim, literalmente, um "estranho no ninho". O desafio que se lhe apresenta é aprender a se ligar de novo ao Eu espiritual. Essa é a forma de a pessoa desenvolver o amor-próprio, e se sentir novamente amada e desejada.

3) *Inimigos na vida passada:* A rivalidade entre irmãos parece ser a manifestação de uma inimizade em vidas passadas, cujos envolvidos ainda estão se desafiando em função do poder. Dessa vez, a competição pode se dar no ambiente de trabalho ou em casa, entre irmãos. Sempre digo que a melhor forma de acabar com uma inimizade de vidas passadas é fazer com que os inimigos se encarem todos os dias no café da manhã.

4) *Abandono ou negligência:* Filhos que são abandonados física ou emocionalmente por pais coléricos ou infelizes, ou

aqueles cujas necessidades são negligenciadas, sentem-se não amados e indesejados. Freqüentemente, eles precisam de uma terapia profunda, a longo prazo, para superar a raiva e a mágoa nesta vida. Por outro lado, em regressões a vidas passadas, a rejeição que sofrem de suas famílias terrenas representa o abandono definitivo de uma Alma que escolheu deixar a segurança da Fonte (Deus, Mente, Poder Superior) para reencarnar na Terra e lidar com o seu ego.

5) *Problemas de peso:* A inanição e a compulsão por comida refletem não apenas o sentimento de não ser amado (a comida como um substituto para a nutrição emocional), mas também indica uma resistência quanto ao fato de ser poderoso. O aumento de peso representa o corpo se armando com gordura. Reencarnações como guerreiros, portando pesadas armaduras, e como governantes que levaram seus inimigos à morte pela fome, freqüentemente dão origem a problemas de peso na atual existência.

Quando aprendermos a nos amar e a nos apoiar, aceitando nosso poder pessoal, não precisaremos mais de alimentos em excesso para preencher a nossa carência de amor ou de poder. Para resolver o problema de peso, acredito que seja preciso reconhecer que somos amáveis e fortes.

6) *Abuso de drogas:* Viciados em drogas e em bebidas alcoólicas, ou pessoas nascidas em famílias cujos membros têm esse tipo de problema, em geral foram viciados em vidas passadas. Na maioria das vezes, o mesmo problema que tinham na outra vida está presente agora. O desafio enfrentado por essas pessoas é deparar novamente com o vício, mas conseguir resistir a ele. Acho também que a compulsão que criou o problema pode ser redirecionada para a criatividade.

CAPÍTULO 8

Almas, espíritos, fantasmas e entidades negativas

Cada um de nós é uma Alma. A Alma é imortal; ela não pode ser destruída. A teoria metafísica diz que as Almas foram criadas como "centelhas" de uma "Fonte" central que, se preferir, você pode chamar de "Deus".

As Almas não se sentem à vontade no corpo físico, mas elas escolhem deixar seu ponto de origem nas dimensões superiores e descer à Terra. A religião oficial chama essas dimensões de "Paraíso". Tenho observado que um número crescente de místicos e de médiuns agora estão ensinando que o "Paraíso" é, na realidade, a quinta dimensão do universo em forma de onda (também conhecido como o "domínio angélico").

Mas, voltando à Terra, acho que as Almas criam o ego ou a personalidade fora de suas experiências de vida. Na regressão a vidas passadas descobri que, ao fim de cada existência, a personalidade continua a existir depois que o corpo morre. A personalidade se torna o que chamamos de "espírito". A cada vida que tivemos, criamos um novo espírito. A Alma tem muitos espíritos ao longo do tempo linear.

O espírito incorpora as lembranças, o conhecimento, as capacidades incomuns e as experiências daquela vida. O espírito pode ser invocado a qualquer momento, tão facilmente quanto podemos discar um número de telefone. Os médiuns em transe chamam os espíritos para que falem através deles. Os médiuns servem, então, de canal de comunicação para os espíritos.

Na regressão a vidas passadas, estamos, de certa forma, recorrendo ao espírito, pois entramos de novo no corpo físico que ocupamos numa vida passada. Isso é verdade pelo fato de que também os espíritos se parecem fisicamente com o que foram quando estavam encarnados.

Alguns espíritos evoluídos se tornam nossos guias. Todos os guias espirituais tiveram de ser espíritos antes de se tornar guias. Às vezes, um ou mais de nossos entes queridos falecidos se tornam nossos guias. Podemos também atrair guias espirituais que não conhecemos em vidas passadas.

Nossos guias espirituais podem mudar de tempos em tempos, de forma que sempre tenhamos ao nosso lado aquele que atende melhor as nossas necessidades. Gosto de me referir a esses guias como "espíritos para serviços temporários".

Algumas pessoas acham muito difícil entender a diferença entre Alma, espírito e fantasma. O que estou explicando aqui reflete minhas experiências com relação a essa diferença.

Cada um de nós é uma Alma. É a Alma que reencarna num novo corpo a cada nova existência.

Quando encarnada, a Alma cria uma personalidade por meio das experiências que vive em cada existência. Quando o corpo morre, a Alma reencarna num novo corpo. O espírito vai para alguma dimensão superior, tal como o astral ou o plano causal, e pode ser contactado através de sonhos, de meditações e de outros estados alterados de consciência. Os espíritos continuam a existir, mesmo depois que a Alma reencarnou numa nova vida.

Todos os seres vivos têm campos de energia ou auras circundando-os. A primeira camada da aura humana é chamada de corpo etérico, que normalmente se desintegra depois que o corpo físico morre. A única ocasião em que isso não ocorre é quando o ego permanece ligado a alguém ou a algo existente no plano físico. Essa ligação do ego age como um fraco impulso elétrico ou "luz noturna", impedindo que o corpo etérico se desintegre. Essa é a origem dos fantasmas.

Os fantasmas não reencarnam. Às vezes, eles permanecem num lugar onde há ligação com o ego. Por exemplo, os fantasmas de suicidas e as vítimas de assassinatos, na maioria das vezes, freqüentam o lugar onde a morte ocorreu.

As entidades negativas são um tipo especial de espírito, e há pelo menos três categorias delas. Os espíritos menos agressivos são os "gnomos" ou duendes, que quase sempre representam mais um aborrecimento do que uma ameaça. Existem também as fadas, freqüentemente chamadas de devas, que são seres muito prestativos.

Há também os espíritos desencarnados que, de forma indevida, se unem a um ser vivente. Geralmente ficam agradecidos por ser libertados e ajudados a retornarem à Luz. Contudo, alguns têm de ser persuadidos ou induzidos a fazê-lo. Assim, uma nova forma especializada de terapia, chamada de "libertação espiritual", foi desenvolvida recentemente por alguns terapeutas de vidas passadas para ajudar os espíritos rebeldes a deixar o plano físico.

A terceira categoria de entidades negativas são os demônios ou diabos. Essa é a espécie que, comumente, se costuma exorcizar. Essas entidades são parasitas dos humanos, pois não possuem um lar natural no nosso universo. Assim, a única forma de poder existir aqui é unindo-se a pessoas ou a lugares que os ajudem em seu propósito destrutivo. Um exemplo disso pode ser a "casa mal-assombrada".

Ao longo dos anos, diversos alunos meus têm-me contado histórias sobre o que lhes aconteceu depois de usarem as tábuas *ouija*. Trata-se de "jogos" usados com a intenção de invocar os espíritos e obter mensagens deles. Algumas pessoas fizeram reuniões em que usaram a tábua *ouija*, serviram vinho e queijo e convidaram amigos.

Entretanto, na manhã seguinte, e, às vezes, por vários dias, sentiram-se sob a influência de entidades aterradoras invisíveis que tentavam sufocá-las ou atormentá-las. Depois desses episódios apavorantes, as pessoas guardaram as tábuas *ouija* em seus armários e jamais as usaram novamente.

Durante anos, ouvi tantas histórias de horror de meus alunos que me vejo na obrigação de insistir com as pessoas para que nunca utilizem as tábuas *ouija*. Em vez disso, creio que é mais seguro e mais sábio meditar e evocar a proteção da luz branca, a energia do Eu Superior e os guias espirituais positivos.

Acredito que o que atrai as entidades negativas são os problemas emocionais intensos, prolongados e não-resolvidos, como o medo, a raiva, a culpa e os vícios, como as drogas e o álcool.

Penso que o uso de drogas e do álcool torna a pessoa vulnerável a entidades que costumam freqüentar certos lugares, esperando por alguém a quem possam se ligar.

Acredito que para enfraquecer e repelir as entidades negativas é preciso que os problemas da pessoa em questão sejam trabalhados em nível psicológico e que ela siga um caminho espiritual. Acredito firmemente no valor da psicoterapia, do aconselhamento espiritual e dos trabalhos de desenvolvimento pessoal.

Proteções

As proteções físicas não substituem o trabalho de desenvolvimento pessoal e a luz branca. Contudo, você pode, se quiser, usá-las como uma proteção extra no lugar da casa em que você costuma meditar e até mesmo no seu local de trabalho. Segue abaixo uma relação daquelas que uso e que meus alunos consideram muito eficazes.

1) *Incenso:* O incenso de sândalo é feito da casca da árvore de sândalo asiática. Pessoalmente, prefiro o sândalo do templo indiano puro, sem que seja misturado a outros perfumes em longas varetas de incenso. Também recomendo a sálvia, uma erva usada pelos índios americanos. Ambos têm aromas refrescantes e são eficazes.

2) *Essências:* Essências são concentradas e caras. Se quiser usá-las, ponha um pouquinho num frasco aberto. Descobri que a essência de cânfora e de hortelã são as melhores.

3) *Vinagre:* Não sei por que funciona, mas tenho comprovado que o vinagre absorve a energia negativa do ar e das pessoas negativas. Tem de ser colocado em recipientes de vidro, sem tampa, como potes de maionese ou copos. Devido ao seu cheiro forte, sugiro que você o coloque atrás de uma cortina ou de um móvel, ou em cima de uma prateleira onde você não sinta o odor.

Verifique-o diariamente. Você perceberá a evaporação. Se ela for rápida, é porque há muita negatividade nesse lugar. Limpe os resíduos do vidro e torne a enchê-lo. Continue a fazer isso até que a evaporação se torne quase imperceptível.

4) *Velas brancas:* Tenha o cuidado de não deixar as velas acesas em lugares perigosos ou onde as crianças ou animais do-

mésticos possam, acidentalmente, derrubá-las. O fogo purifica e o branco é uma cor espiritual. Que eu saiba, todas as religiões modernas do mundo queimam velas brancas em seus rituais. Acredito que essa prática tem origens espirituais anteriores à existência das modernas religiões organizadas. Ela remonta ao período Neolítico, quando o homem usava o fogo para cozinhar, se aquecer, proteger-se dos animais selvagens e orar a seus deuses.

5) *Luz branca:* A luz branca é o espectro completo da luz do Sol, em sua forma mais pura, que sacrifica a si próprio para manifestar-se nas cores do arco-íris e dos chakras (centros de energia) do corpo humano.

A luz branca é a energia do nosso Eu Superior (Anjo da Guarda) e é a via pela qual nos comunicamos com ele. A luz branca é a proteção mais poderosa de todas. Aconselho a acender uma luz branca toda vez que você meditar e a qualquer hora em que sentir necessidade dela.

Quando faço regressão, aconselho as pessoas a visualizar a luz branca à sua volta e dentro de si mesmas, e a se concentrar sempre nela. Nosso Eu Superior e os guias espirituais estão sempre ao nosso redor na luz e fazendo todo o trabalho por nós, trazendo-nos respostas quando meditamos. A luz branca é o nosso canal direto com as dimensões mais elevadas. Uma vez que tenhamos sentido essa energia, jamais a confundiremos com nenhuma outra coisa!

CAPÍTULO 9

Tempo e multidimensionalidade

A sociedade ocidental segue em tempo linear. Temos a idéia de que o hoje é o presente, de que o ontem foi o passado e de que amanhã é o futuro. Essa concepção apóia a idéia predominante de que vivemos apenas uma existência — ou, pelo menos, uma vida de cada vez. Esse conceito é familiar a qualquer um que viva em uma cultura ocidental urbanizada e industrializada.

A produção em série, os relógios digitais e os computadores, qualquer coisa que execute uma função após outra em série, representa linearidade. Essa é a forma de estruturar o tempo e o modo pelo qual nos organizamos desde o chamado século "da ciência", o século XVII. Ela é de suma importância para a industrialização e para as hierarquias, como as empresas e o governo, que são os pilares da moderna cultura ocidental.

Contudo, as pessoas que vivem em harmonia com a natureza, como as culturas tribais e pré-industriais, acham a rigidez da linearidade contrária ao seu estilo de vida. Elas baseiam suas atividades em idéias cíclicas do tempo, como os movimentos do Sol, da Lua, das estações do ano, dos solstícios e dos rituais associados aos ciclos da natureza, e as plantações agrícolas. Os rituais ligados aos dias santificados, como as árvores de Natal e suas luzes, simbolizam a volta do Sol, e são reminiscências da sociedade agrária, pré-industrial.

Hoje, em todo o mundo, as culturas centradas na natureza, baseadas no tempo cíclico e no ambiente natural do qual elas dependem para sua sobrevivência, estão sendo dizimadas pelas culturas agressivas, industrializadas, organizadas em torno do tempo linear.

Há uma outra forma de definir o tempo, chamada de "tempo simultâneo". Trata-se da idéia de que o tempo é fluido, e nós estamos vivendo todas as nossas existências num só momento.

A idéia metafísica por trás desse conceito é a de que tudo existe no *agora*. Não há linearidade passada, presente e futura. Elas são produtos artificiais da sociedade industrializada em que vivemos.

A idéia que está por trás desse "eterno agora" é a de que o tempo seja fluido. Tornamos nossa percepção mais lenta para experimentar o passado linear; nós a aceleramos para sentir o futuro linear. O que chamamos de presente é simplesmente o lugar onde quer que nossa consciência esteja localizada.

Em meditação, experimentamos a fluidez do tempo sempre que conseguimos estar instantaneamente, em pensamento, no local ou no momento desejado. Isso porque a energia segue o pensamento. Instantaneamente, estamos onde quer que nosso pensamento ou consciência esteja. Nenhum esforço físico é necessário para chegar lá. Já estamos lá.

Muitas pessoas estão tão acostumadas com o tempo linear que é difícil para elas compreender o tempo simultâneo. Se esse for o seu caso, meu conselho é que procure praticar a meditação. Quanto mais você meditar, mais fácil será para você entender o que estou descrevendo.

Na regressão a vidas passadas peço às pessoas para que respirem profundamente, se concentrem na luz branca e deixem que seu Eu Superior dê as respostas. Às vezes, o significado é confuso para aqueles cujo hemisfério esquerdo do cérebro é predominante — aqueles que pensam de forma linear.

Meu trabalho é fazer com que o paciente relaxe e se concentre, para que assim consiga entrar em sintonia com a época do seu passado que é preciso analisar, e que está bloqueando a meditação.

Aprender a confiar no Eu Superior, que não podemos ver, ouvir nem sentir, é um exercício que nos ajuda a fazer a transição do pensamento linear para o multidimensional. O Eu Superior, os guias, os devas e os anjos não vivem no tempo-espaço ou no universo linear, mas sim nas dimensões mais elevadas (quarta ou quinta dimensão). Isso porque eles são, normalmente, invisíveis aos nossos olhos, a menos que nos tornemos habilidosos praticantes de meditação ou "médiuns".

É preciso um ato de fé e de confiança para acabar com velhas expectativas e deixar que o Eu Superior e os seus auxiliares assumam o comando na meditação. Isso representa transcender o linear e alcançar dimensões mais elevadas, onde o pensamento analítico não tem serventia. É importante dar essa prova de fé e experimentar porque nós, como Almas, temos que redescobrir a capacidade de perceber esses domínios. Isso inclui lembrar-nos de como ter acesso a nossas vidas passadas.

Por nascermos em culturas do Ocidente, muitos de nós sofremos de amnésia. Esquecemo-nos de que vivemos muitas outras vidas. Esquecemos que o tempo linear é uma ilusão e um conceito conveniente para a sociedade ocidental. Com a prática da meditação, como a regressão a vidas passadas, mais uma vez nos lembramos da nossa verdadeira natureza como energias multidimensionais que atravessam as barreiras do tempo-espaço.

Não somos simplesmente matéria orgânica, que, depois de um breve período no plano físico, morre e está perdida para sempre. Portanto, aprender a atravessar a ponte do linear para as dimensões mais altas nos ajuda a religarmo-nos com a essência de quem realmente somos.

Almas visitantes/Intercâmbios de almas

Um dos exemplos mais controvertidos da multidimensionalidade nos últimos anos é o conceito de "Almas Visitantes", agora chamadas de "Intercâmbio de Almas". A origem desse conceito foi o livro *Strangers Among Us*, escrito por Ruth Montgomery e por seus guias.

A "Alma Visitante" ou o fenômeno chamado "Intercâmbio de Almas" é um acordo entre duas Almas para que elas troquem de lugar. Uma Alma está num corpo e quer deixá-lo. Outra está desencarnada e quer um corpo para encarnar. Elas trocam de lugar, daí o termo "Intercâmbio de Almas".

Não importa se a Alma que deixa o corpo foi doente, suicida, estressada ou sobrecarregada. Ela não fica isenta do karma não-resolvido. Simplesmente desistiu da missão e terá que voltar mais tarde e retomar as lições que ainda não aprendeu.

A Alma que assume o poder obtém o corpo e a vida da outra nas condições em que está (como a compra de um carro usado). A "Alma Visitante" pode precisar fazer muita terapia, desenvolvimento pessoal e outros tratamentos para tornar funcional a existência que herdou.

O "Intercâmbio de Almas" serve para ajudar nosso conturbado planeta, num tempo de enormes transformações. Há, aproximadamente, milhares, talvez dezenas de milhares, de "Almas Visitantes" na Terra atualmente, e elas estão aumentando. Trata-se de almas voluntárias que aqui estão para nos ajudar a viver na década de 90 e no próximo milênio. Seu objetivo é nos ajudar. Não há nenhum outro propósito.

Tenho encontrado diversas "Almas Visitantes" (elas preferem o termo "Intercâmbio de Almas"). Todas as que conheço passaram por um período difícil, integrando as personalidades conturbadas da qual elas assumiram o controle, com a personalidade desenvolvida aqui com a finalidade de prestar ajuda. Muitas das Almas que tenho encontrado tiveram de fazer terapia para conseguir viver nesta dimensão.

Aparentemente, todas elas passaram por três etapas de transição. Primeiramente, houve uma crise de ordem médica ou psicológica na vida da antiga personalidade, o que levou à ocorrência do "Intercâmbio de Almas". O corpo físico, na maioria das vezes, sobreviveu depois de passar por um risco de vida.

Em seguida, ocorreu uma mudança de ordem psicológica. Depois de um período de retraimento ou de silêncio, a nova personalidade passou por um aconselhamento psicológico para superar um longo e doloroso problema herdado da antiga personalidade. Naturalmente, os membros da família nada sabiam sobre o "Intercâmbio de Almas" e não entenderam por que a pessoa mudou. A essas alturas, não é raro que já tenha ocorrido divórcio, mudanças na carreira ou troca de emprego.

Posteriormente, depois que a crise termina, as mudanças necessárias foram feitas, e já transcorreu o tempo para a cura, a "Alma Visitante" começa o trabalho a que se propôs. Não se trata de um breve estágio num "Corpo da Paz"* ou de uma interrupção na carreira profissional para se realizar um trabalho humanitário. É uma vida inteira, um compromisso de tempo integral pelo resto da existência. Essa Alma permanecerá nessa vida permanentemente, até o fim de sua missão.

---

* *Peace Corps* — Uma organização do governo federal dos Estados Unidos, criada em 1961, que treina e envia voluntários americanos ao exterior para trabalhar durante certo tempo com povos de países em desenvolvimento ou em projetos para melhoria tecnológica, agrícola ou educacional. (N.T.)

Por meio de canalizações, ocorridas em fins da década de 60 e começo da de 70, os guias de Ruth Montgomery revelaram-lhe que essas Almas vieram nos ajudar durante o período de transformação da Terra, pelo qual passaremos em breve. Eles disseram também que esse fenômeno não é novo. Alguns dos membros da convenção americana de 1787, que assinaram a Declaração de Independência dos Estados Unidos, foram "Almas Visitantes".

Durante anos, essa idéia não foi aceita fora da comunidade da Nova Era. O pensamento linear negava toda possibilidade nesse sentido. A idéia de Almas vivendo vidas passadas foi, por muito tempo, inaceitável para a maioria dos norte-americanos, embora o conceito de reencarnação tenha, ao longo dos anos, adquirido respeitabilidade em muitas religiões e culturas do mundo. Parecia simplesmente inconcebível que alguém pudesse esperar que acreditássemos na idéia de que as Almas trocam de corpos com outras Almas. O conceito era mais do que a maioria de nós poderia aceitar.

Porém, os anos 90 não são os anos 70. A crença em vidas passadas agora é aceita por pelo menos 40% dos americanos. Mais de um terço da população do país já procurou alguma forma de medicina alternativa. Cerca de 2% dos americanos dizem que foram seqüestrados por extraterrestres. Livros sobre experiências de quase-morte e sobre anjos são os assuntos do momento nas livrarias. Até a revista *Newsweek* registrou, em 1993, o crescimento do número de empresários que estão consultando médiuns, para obter alguma previsão das tendências econômicas. As pessoas estão ávidas por informações acerca de vidas passadas, de desenvolvimento mediúnico e de muitos outros fenômenos considerados "paranormais" nos Estados Unidos atualmente. Como é possível que só agora se passe a aceitar a tão desacreditada idéia de "Intercâmbio de Almas"?

CAPÍTULO 10

O astrólogo do espaço: Uma regressão a vidas passadas

Se você ainda está com dificuldades para entender ou aceitar o caráter multidimensional das almas, acho que a história a seguir o ajudará.

Desde 1980, já fiz mais de 3.200 sessões individuais de regressão a vidas passadas. Freqüentemente, as pessoas me pedem para falar sobre a regressão mais fantástica que já fiz. Muitos a classificam de bastante rara. Outros a consideram muito especial. Esses adjetivos certamente descrevem bem aquele que chamo de "o astrólogo que veio do espaço".

Escrevi um livro em co-autoria com um homem chamado Mark Vito, que foi um excelente astrólogo. O livro tem como título *Finding Your Life's Purpose Through Astrology Workbook*. Um dia, eu lhe sugeri que fizéssemos uma troca. Ele faria a interpretação do meu mapa astral e eu lhe daria uma sessão gratuita de regressão a vidas passadas. Ele concordou.

Em sua regressão, ele quis saber quando tinha sido astrólogo anteriormente. Essa informação me pareceu inofensiva, e ele não tinha nenhuma idéia do que poderia vir à tona. Tinha apenas uma sensação de que havia feito esse trabalho numa outra vida. E tinha razão.

Numa vida passada, fora um astrólogo, que vivera na torre de um castelo medieval, na Europa. Seu trabalho consistia em aconselhar o rei, usando como instrumento a astrologia. Contudo, ele não confiava nos outros membros na Corte, e essa desconfiança era mútua. Por isso, ele isolou-se na torre, só saindo de lá quando era chamado para audiências com o rei.

Durante sua regressão, expressou tristeza e disse que sentia saudade de seus amigos. Quando lhe perguntei onde eles estavam, relutou em responder. Como me revelou mais tarde, ele não confiava em sua primeira impressão. Finalmente, sussurrou: "Eles estão em outro planeta." Perguntei-lhe se gostaria de visitá-los. Ele ficou animado com a perspectiva de poder vê-los.

Anteriormente, ele me dissera que não tinha vindo à Terra numa nave espacial, mas num raio de luz de pura energia. Revelou-me também que preferia voltar para seu planeta da mesma forma que viera. Embora sua mente consciente, em princípio, frustrasse essa idéia, perguntando-me se estava inventando tudo aquilo, logo entrou em profundo relaxamento. Ele era um praticante experiente da meditação e achou fácil contar-me essa fascinante história.

À medida que se aproximava do seu mundo natal, ele descrevia, com desenvoltura, um complexo sistema solar com duas estrelas ou sóis em seu centro: um laranja-avermelhado; e outro, amarelo como o Sol da Terra. Os planetas giravam em volta de um dos dois sóis. Seu planeta natal girava em torno de ambos. Perguntei-lhe o nome de seu planeta ou do seu sistema solar. Ele gaguejou, mas depois deixou escapar: "Al...Al...Alfa Cent...Centauro."

A reunião com seus amigos foi muito alegre. Ele soube que eles sempre haviam estado próximos dele, através da meditação.

Nunca mais sentiu-se isolado nem se sentiu solitário outra vez. Aquela foi uma experiência profunda que lhe proporcionou uma grande sensação de alívio e de pertencer a algum lugar.

Eu quis saber por que ele, sendo tão feliz no seu planeta, teve de deixá-lo. Ele disse que havia se oferecido como voluntário para servir uma espécie de "Corpo da Paz" universal. Seu propósito foi ajudar os humanóides a evoluir em outros planetas. Ele ficara fascinado com a Terra e, ao mesmo tempo, horrorizado com a nossa violência. Assim, se oferecera como voluntário para nos ajudar.

Perguntei-lhe também: "Por que você é astrólogo?" Ele respondeu que a matemática e a astronomia eram "fáceis" para ele em seu planeta natal. Daí, concluiu que a astrologia, que é baseada nas duas ciências, também seria "fácil". Ele só não previra o quanto seria solitária a sua vida na Terra.

Como sempre faço com meus pacientes, dei-lhe as fitas cassetes em que gravei a sua sessão de regressão. Ele contou-me que as tinha ouvido várias vezes.

Nove meses depois, ele estava fazendo uma meditação matinal quando seus guias insistiram para que fosse até a uma banca de jornais e comprasse a edição mais recente da revista *Astronomy*. Ele não entendeu o porquê, mas foi assim mesmo.

Ficou surpreso ao ver na capa da revista o desenho de um artista com dois sóis, um laranja-avermelhado, e outro, amarelo como o nosso Sol. Girando em torno de um ou de outro ou de ambos os sóis havia diversos planetas. Ele começou a ler o parágrafo principal do artigo. O autor, um astrofísico, descrevia o sistema solar de "Alfa Centauro".

Mark comprou a revista e leu o artigo diversas vezes. Talvez ele não me telefonasse se não tivesse guardado as fitas de sua regressão, que ouvira várias vezes.

Quando finalmente me telefonou, sua voz era um misto de excitação e de dúvida: "Você tem certeza de que não imaginei todas essas coisas?", continuava me perguntando. "Você já leu algo sobre os Sóis e os planetas de Alfa Centauro?", perguntei-lhe. Ele protestou: "Não! Sou astrólogo, não astrônomo."

Infelizmente, as fitas não existem mais. Tive de reconstituir essa história a partir de anotações que fiz durante a regressão. Estou contando-lhes a história dele por dois motivos: pelo fato de seu espírito ter confirmado a regressão, que por si só já é preciosa. E também porque Mark Vito morreu de AIDS em outubro de 1991.

Em sua vida passada, ele nunca obteve, como astrólogo, o reconhecimento que de fato mereceu pelo seu notável trabalho. Acho que ele ficaria feliz em saber que sua história foi publicada neste livro, e pode servir de inspiração para outros. Creio que ele se sentiria especialmente recompensado pelos seus 26 anos de serviço como astrólogo. Sem falar em todos os anos passados naquela torre medieval!

Embora a regressão de Mark tenha sido uma profunda experiência emocional, ele teve as mesmas dúvidas que tantas pessoas têm quando fazem sua primeira regressão a vidas passadas. Às vezes, as pessoas aprendem coisas que contradizem tudo o que acreditavam fosse possível no universo físico.

A despeito desses conflitos interiores, cada vez mais pessoas querem investigar o desconhecido e as extensões inexploradas do mundo multidimensional. Por que isso? Penso que a resposta se encontra no que está acontecendo ao planeta Terra.

CAPÍTULO 11

A Terra se transforma

O planeta Terra é uma entidade metafísica singular (o princípio Gaia), assim como a Alma. A Terra também tem uma forma física exatamente como as Almas se tornam seres humanos vida após vida. Assim, a Terra e as Almas existem tanto na forma metafísica como na forma física (linear ou tempo-espaço).

Como os humanos, a Terra tem seus "desafios kármicos" (tal como a auto-expressão). As mudanças climáticas, os incêndios e as enchentes devastadoras da década de 90 são, em parte, resultado da poluição do ar e da água, do aquecimento global e da destruição de antigas florestas tropicais e dos pântanos. A Terra está em agonia.

Sem querer parecer excessivamente antropomórfica, acredito que o comportamento da Terra é muito semelhante aos desabafos de cólera, de raiva e de dor, que são tão importantes para os humanos, que dele se valem para compensar perdas traumáticas. "As transformações da Terra" (ou o que é também conhecido como "a tribulação") é a crise de cicatrização das feridas da Terra.

Na década de 80, começaram a ocorrer mudanças na consciência humana, e os avisos sobre o juízo final e sobre o Armagedom abriram caminho a mensagens de esperança. Essa mudança se refletiu nas previsões que ouvi de amigos médiuns e nas revistas. Era comum acreditar que os guias de Ruth Montgomery tinham suavizado suas terríveis advertências sobre o futuro do planeta Terra.

Essa foi a ocasião de maior expansão do "Movimento da Nova Era", sobretudo depois do lançamento do livro (e da minissérie para tevê em 1986-87) de Shirley MacLaine, *Out on a Limb*.

Também surgiram inúmeras organizações empenhadas em preservar o ambiente natural, em desenvolver terapias alternativas físicas e psicológicas e em promover a evolução espiritual. Então, em 1989, acabou a Guerra Fria e o Muro de Berlim foi posto abaixo.

Muitas pessoas redirecionaram suas energias para atividades mais pacíficas e produtivas do que parecia ser possível quinze ou vinte anos antes, quando a Guerra do Vietnã estava no seu auge.

Para cunhar uma expressão, "o terremoto da mudança pessoal", por que passamos na década de 80, parecia ter se passado dentro de nós, em vez de se tornar visível no mundo exterior na forma de desastres naturais.

A queda do Muro de Berlim, em novembro de 1989 (na época em que ocorreu a tão anunciada conjunção de Urano e de Netuno, a primeira em 171 anos) foi considerada com bastante otimismo como o início de uma nova era. A "Nova Era" certamente estava começando!

Espere um minuto! Não vá tão rápido assim! Perdido na euforia de 1989 estava o reconhecimento de como estavam se tornando sérios os problemas do meio ambiente, os problemas psicológicos, econômicos, políticos e sociais para as Almas encarnadas em corpos humanos no planeta Terra na década de 90.

Nós nos preparávamos para um "exame da realidade" quando o pleno significado dos eventos começou a ser percebido no mundo todo. Por exemplo, a pior enchente da História dos Estados Unidos ocorreu no rio Mississippi e nas bacias de rios adjacentes, no verão de 1993. As atividades humanas, como a destruição dos pântanos (escoadouro natural dos excessos de chuvas e de águas fluviais) e o superdesenvolvimento nas planícies inundadas, aumentou a devastação.

Meu Estado natal, a Califórnia, não escapou da fúria da "Mãe Terra". Por exemplo, o tremor do Northridge, em janeiro de 1994, nos fez lembrar da vulnerabilidade da Califórnia ante as mudanças previstas para a Terra.

No início da década de 90, um número cada vez maior de livros e de boletins apareceu para advertir as pessoas sobre como seria difícil a vida nesta década. A lista a seguir é apenas uma parte do material referente a esse tema, mas eu insisto para que você leia sobre esse assunto de suma importância kármica:

1. Gordon Michael Scallion, redator do *The Earth Changes Report*, ganhou fama da noite para o dia, predizendo os furacões Iniki (Havaí) e Andrew (Flórida), em 1992, os avisos dos satélites e os subseqüentes terremotos no deserto do sul da Califórnia, em 1992. (Matrix Institute, P.O. Box 87, Westmoreland, New Hampshire 03467-0087. Fone: (603) 399-4916.)

2. Sean David Morton, autor de *The Millennium Factor*, publica um polêmico boletim sobre as transformações da Terra. (Delphi Associates, 2207 Hermosa Ave, Hermosa Beach, Califórnia 90254-2527. Fone: (310) 217-7579.)

3. Dolores Cannon, terapeuta de regressão a vidas passadas e prolífica escritora, escreveu uma trilogia intitulada *Conversations with Nostradamus*. Os livros são o resultado da comunicação direta com Nostradamus através de regressões feitas com seus pacientes, em estado de transe. Nessas regressões Nostradamus interpretou suas próprias profecias para a década de 90.

(Ozark Mountain Publishers, P.O. Box 754, Huntsville, Arkansas 72740-0754 ou telefone para a APRT: (909) 784-1570 — Riverside, CA.)

4. Também recomendo muito Chet Snow, Ph.D., com a falecida Helen Wambaugh, Ph.D., *Mass Dreams of the Future.* (McGraw Hill 1989, reeditada em 1993 em brochura, Deep Forest Press. Disponível na Association for Past Life Research and Therapies, P.O. Box 20151, Riverside, Califórnia 92516-0151. Fone: (909) 784-1570. Fax: (909) 784-8440.)

Já que estou aqui escrevendo sobre vidas passadas e sobre fenômenos psíquicos associados a elas, sinto-me na obrigação de explicar por que as mudanças da Terra estão relacionadas com as informações sobre vidas passadas. Existem duas razões para isso.

Em primeiro lugar, pelo fato de que atualmente há mais pessoas encarando com seriedade seu desenvolvimento pessoal. Isso se reflete nas questões que elas querem examinar nas sessões de regressão a vidas passadas. Sim, ainda tenho muitos pacientes que querem saber "Quando conheci ele/ela antes?", mas não tanto quanto estava acostumada. Os pacientes típicos de regressão geralmente já fizeram anos de terapia ou me pedem para encaminhá-los a uma terapeuta, e leram o livro do Dr. Brian Weiss *Many Lives, Many Masters*. Eles fazem a grande pergunta existencial: O que aconteceu em minhas vidas passadas para explicar *por que* tenho tido esse problema nesta vida?

Em segundo lugar, as pessoas estão preocupadas — com a economia, com o meio ambiente, com o futuro de seus filhos, com seu próprio futuro e com a possibilidade de não disporem mais de muito tempo. Mesmo que não digam que o medo das transformações da Terra provoca sua impaciência, agem como se assim fosse. Querem aceitar responsabilidades pessoais, mas querem também resultados imediatos. Elas dizem que o tempo parece estar passando mais depressa, e não querem ser deixadas para trás. Isso lhe parece familiar?

CAPÍTULO 12

A precessão dos equinócios

Antes de você concluir precipitadamente que todas as mudanças da Terra que estão ocorrendo — e estão previstas para a década de 90 — sejam inteiramente culpa dos erros kármicos da humanidade, quero explicar a astronomia básica (tal como a compreendo) que está por trás desses eventos de fim de milênio, e nosso desejo apressado de reparo kármico imediato.

A "precessão dos equinócios" é o conceito básico que apóia a idéia de que chegamos ao fim da Era de Peixes e estamos no limiar da Era de Aquário, a chamada Nova Era.

O planeta Terra é apenas um pontinho no espaço interestelar. Nosso planeta azul gira em torno de uma estrela de tamanho médio, que chamamos de "Sol". A Terra, outros oito planetas conhecidos, uma porção de asteróides, luas e fragmentos de rocha e de gelo também giram em torno do Sol. Isso é o que chamamos de nosso "Sistema Solar".

Contudo, nosso sistema solar está bem próximo da borda de um grupo maciço de estrelas, e algumas delas, sem dúvida, também têm planetas girando ao seu redor. Esse grupo de estrelas é chamado de "nebulosa". Há muitas nebulosas por todo o Universo.

Assim como a Terra e outros planetas giram em torno do Sol, os sistemas solares e as nebulosas também podem girar em torno de um ponto no espaço. Nosso sistema solar pode girar em volta da estrela mais brilhante do nosso céu, Sírius. São, na realidade, duas estrelas, uma girando em torno da outra, numa constelação ou grupo de estrelas que os antigos diziam ser um cão viajando com seu caçador, Orion.

Como o nosso sistema solar, teoricamente, faz um círculo em torno desse suposto centro, leva um tempo, estimado em 25.920 anos, para retornar ao seu ponto de partida, completando assim uma órbita inteira. Os antigos astrônomos observaram que esse circuito passa através de doze constelações de estrelas (que os astrólogos chamaram de "signos do zodíaco"). Se você dividir 25.920 anos por 12 signos, o resultado é uma média de 2.160 anos por signo.

O planeta Terra gira em torno de todos esses signos, como se fosse uma roda. "Precessão" ou "precessão dos equinócios" é o termo aplicado para descrever sua eclíptica. À medida que a Terra se move ao longo desse curso, seu eixo muda levemente de posição, e vemos estrelas diferentes no nosso céu.

De acordo com a astrologia, o nosso sistema solar está fisicamente equilibrado na cúspide ou na fronteira entre as constelações de Virgem e de Leão. Contudo, quando erguemos os olhos para o céu, parece que estamos posicionados no limite entre Peixes e Aquário. Daí, foi criado o termo metafísico "Nova Era", para designar o movimento do signo de Peixes para o signo de Aquário. Esse movimento define o começo da Era de Aquário.

O início da Era de Peixes é geralmente associado ao nascimento de Jesus e ao começo do Cristianismo. Contudo, a transição de Áries (o signo de Ares, o Ram) para a Era de Peixes na verdade começou mais cedo, na época da decadência da antiga Grécia e nos primeiros anos de Roma, antes de Jesus nascer.

A Era de Peixes, nos tempos modernos, tem sido dominada pelo lado masculino, a energia predominante do lado esquerdo do cérebro (industrialização, urbanização, mudança da atividade agrícola para a mecanização). O pensamento racional e o método científico foram a coroação de suas realizações. Guerra, decadência urbana, ódio, violência, crime, abuso de drogas e destruição do meio ambiente têm sido alguns de seus fracassos mais retumbantes.

Em contraste, a Era de Aquário representa o lado feminino, em que predomina o hemisfério direito do cérebro, o intuitivo. Os sentimentos são importantes. Há muito descartadas, as modalidades psíquicas são redescobertas e novas são criadas. Há um interesse crescente em salvar a Natureza, a melhorar a qualidade de vida, e a tornar o mundo um lugar de beleza, de amor e de bondade.

A década de 90 e os primeiros anos do século XXI são um período de transição e de "sobreposição" das Eras de Peixes e de Aquário. A resistência com relação às mudanças, o aumento do preconceito, os crimes violentos, o terrorismo e o fanatismo concorrem com uma crescente busca em canalizar a cultura para o sentido espiritual.

Esta não é uma época fácil de se viver, mas a atual inconstância humana reflete os estrondos do âmago da Terra, o caos do seu sistema climático e a vulnerabilidade da nossa existência.

Como a Lei da Correspondência metafísica indica: assim em cima como embaixo, como é dentro assim é fora. A transformação acontece em todos os níveis do nosso planeta, do nosso sistema solar e do nosso Universo. Está na hora de nos encararmos como uma parte infinitamente pequena desse espantoso sistema, e não como o esbravejante senhor desse sistema.

Essas observações não nos inocentam da nossa negligência coletiva, dos prejuízos que causamos ao nosso lindo planeta e aos nossos semelhantes. Contudo, dá-nos a oportunidade de aprender a respeitar as forças do nosso Universo, com as quais não podemos competir, em hipótese nenhuma.

Tenho esperanças de que essas "mudanças da Terra" estejam nos dando lições de humildade (uma boa lição esotérica de Leão), ensinando-nos a cooperar uns com os outros (uma lição de Aquário) e a reverenciar as forças da Natureza e do Universo (lição de Peixes). Talvez até representem, em última análise, as razões metafísicas e kármicas para as "transformações da Terra" que nós, como população planetária de Almas, encarnamos para aprender nesta década.

Afinal de contas, amor e serviço incondicionais (lições de Peixes) são as razões kármicas fundamentais pelas quais as Almas têm reencarnado na "sala de aula kármica" da Terra, por muitos milhares de anos.

Por que há mais pessoas encarnadas hoje?

Do ponto de vista da metafísica, há duas razões:

1. As Almas tendem a reencarnar mais depressa, permanecendo menos tempo no estágio entre as vidas, à medida que se aproxima o fim de uma era. Nesses períodos, as Almas parecem sentir mais urgência de completar suas lições kármicas e romper com o ciclo nascimento-morte da reencarnação.

2. As Almas encarnam em muitos lugares além dos corpos humanos na Terra. Há no Universo, sem exagero, milhares, talvez centenas de milhares de planetas onde há vida humanóide. Mesmo que apenas uma pequena porcentagem deles seja habitada, ainda assim há um forte argumento a favor dessa idéia, pois existem milhares de planetas, assim como outras dimensões, onde hoje, e há milênios, vivem Almas. Eu lhe recomendo o

livro de Ruth Montgomery, *Aliens Among Us*, que é uma excelente fonte de informação sobre esse assunto.

Fiz numerosas regressões com pessoas que já viveram, numa outra existência, em outros planetas ou em qualquer outra parte do Universo. Também faço, ocasionalmente, regressões com pessoas que encontraram nesta vida Objetos Voadores Não Identificados (OVNIs) e extraterrestres.

Não acho difícil aceitar a idéia de que uma Alma pode viajar de um planeta a outro, de uma galáxia a outra, de uma dimensão a outra. A prática da meditação tornou claro para mim que estamos apenas começando a compreender a viagem interdimensional ou o fato de que nós próprios somos seres muldimensionais.

Encontrei várias pessoas que, durante a regressão, mostraram insatisfação por estar num corpo humano; elas sempre sentiram que pertenciam a algum outro lugar, além da família na qual nasceram.

O que era descartado como fantasia está se tornando cada vez mais plausível. A viagem interplanetária e interdimensional não se parece mais com matéria de ficção científica.

À medida que aprendemos cada vez mais sobre os recursos inesgotáveis do "mundo psíquico" e do "inconsciente", provavelmente acharemos mais fácil aceitar que a vida em corpos humanos é a nossa sala de aula para a aprendizagem kármica. O "Lar" de todas as Almas não é no reino físico (como o planeta Terra, no qual vivemos atualmente).

A consciência de nossa multidimensionalidade e a capacidade cada vez maior para fazer viagens interdimensionais estão diretamente ligadas à nossa atual busca pelo significado espiritual.

Em algum lugar, por trás das nossas lembranças, está o elo entre o "processo de voltar-se para dentro", a fim de reencontrar a "Fonte" da qual todos viemos, e o "processo de exteriorização" em direção aos confins do tempo-espaço físico. A busca por esse elo parece nos levar a descobrir o propósito espiritual de estarmos aqui e impulsionar nosso desenvolvimento espiritual.

A jornada de auto-análise, a meditação em geral e a regressão a vidas passadas, em suas várias formas, desempenham um papel particularmente útil.

Nos capítulos seguintes, você aprenderá vários métodos que desenvolvi e utilizei durante quatorze anos para ajudar as pessoas a ter acesso às suas vidas passadas e a explorar outras dimensões do nosso Universo.

II PARTE

Meditações sobre Vidas Passadas

CAPÍTULO 13

Os fundamentos da meditação

A primeira coisa a saber sobre a meditação é que não há uma maneira certa ou errada de meditar. Os métodos variam. Todos são diferentes. O que é correto para uma pessoa pode não ser para outra. Com a prática você acabará encontrando a melhor maneira para você.

A meditação é um processo de recepção, e não há nenhuma forma certa ou errada de receber. Cerca da metade ou a maioria das pessoas que assiste meus seminários ou fez uma sessão de regressão comigo são visuais. Elas vêem suas respostas. Isso quer dizer que uma minoria pouco ou nada vêem quando meditam. O fato de alguém não estar visualizando não significa que não esteja meditando. Deixe-me repetir! Só porque uma pessoa não pode visualizar não quer dizer que ela não possa meditar!

Há outros meios de meditar além da visualização. Algumas pessoas obtêm as respostas por meio de uma voz que elas, na verdade, não ouvem, mas sabem o que está dizendo. Outras têm sensações físicas, como "borboletas no estômago", que servem como respostas durante a meditação. Outras apenas sabem. Elas têm um pensamento que aparentemente vem de lugar nenhum.

Algumas percebem ou sentem uma resposta de forma emocional. Outras têm uma combinação de tudo isso.

Minha experiência pessoal me possibilita ver e saber. Quando medito, freqüentemente vejo cenas definidas, silenciosas. Ocorre o mesmo quando sonho. Entretanto, quando faço regressões a vidas passadas e outros tipos de meditação, raramente eu sou visual. Normalmente, tenho a sensação de conhecer, de saber. Meus alunos dizem que estou totalmente concentrada.

Medite sempre num lugar sossegado. A meditação requer concentração. Retire o plugue do telefone da tomada. Feche a janela ou ligue um ventilador para abafar os ruídos da rua. Coloque um aviso na porta deixando claro que você não quer ser incomodado. Medite numa hora em que você não vá ter de sair para algum lugar e que, no prazo de uma hora ou mais, não chegará ninguém da família.

Crie um ambiente confortável, familiar, e procure meditar sempre no mesmo lugar. Se você gostar de luz natural ou de velas, use-as. Se gosta de cristais ou de flores, ou de almofadas macias, cuide de providenciá-las. Se gosta de queimar incenso, tudo bem. Se prefere deitar-se no tapete ou sentar-se numa cadeira confortável, faça isso. O ambiente de meditação deve refletir seus gostos pessoais e permitir que você se sinta confortável no minuto em que você começa a meditar.

Descubra qual a melhor hora do dia para você. Algumas pessoas preferem de manhã cedo, quando o Sol está nascendo. Outras esperam para meditar quando chegam em casa depois do trabalho. Outras gostam do silêncio da madrugada, quando todos em casa estão dormindo. Encontre sua hora preferida. Faça dela a sua hora de meditação.

Às vezes, as pessoas sentem frio quando meditam, pois a respiração e a circulação por vezes diminuem e a temperatura do corpo pode cair. Sugiro que você vista um suéter ou que enrole um cobertor no corpo antes de começar, mesmo que o dia esteja quente. Sentir frio é uma reação fisiológica normal ao estado de meditação.

Se você costuma se sentir ansioso antes de começar qualquer coisa ou é uma pessoa perfeccionista, que tem medo de "não estar fazendo a coisa certa", lembre-se de que tenho ensinado, com sucesso, os exercícios de meditação deste livro para inúmeras pessoas exatamente como você. Se elas podem fazer essas meditações, você também pode!

Além disso, muitas pessoas crescem acreditando que seus sentimentos e experiências não são reais. Muitos acham difícil confiar em seus sentimentos quando meditam e quando fazem regressão a vidas passadas.

Para começar a superar essa programação negativa, sugiro-lhe que sempre se lembre do seguinte. *Acredite sempre na sua primeira impressão.* A primeira cena, o primeiro sentimento, pensamento, cheiro, paladar, som, sensação física — *a primeira coisa* que você obtenha, não importa o que seja!

Repetirei esse pensamento muitas vezes, durante estes exercícios de meditação. *Lembre-se: acredite sempre na sua primeira impressão — não importa o que seja — mesmo que não faça sentido!*

Será de grande ajuda anotar essas palavras numa ficha ou num cartão. Coloque-o no seu espelho ou em algum lugar em que você o veja todos os dias, talvez na parede perto do lugar onde você faz sua meditação. Repita essas palavras como uma afirmação sempre que puder. Quanto mais você repeti-las, mais o seu subconsciente assimilará a mensagem.

Primeira impressão — não importa o que seja — mesmo que não faça sentido!

No lugar em que você medita, mantenha sempre um caderno, onde possa registrar as mensagens ou imagens que receber. Sugiro-lhe que marque a data e inclusive a hora em que praticou a meditação, pois você pode esquecer suas experiências depois de ter meditado. Um caderno comum será mais que suficiente para você elaborar o seu "Diário de meditação".

Isso é bem semelhante a manter um diário de sonhos. Os sonhos e as meditações são estados alterados de consciência e experiências bastante parecidas. De fato, você provavelmente será capaz de lembrar seus sonhos com mais freqüência e com mais detalhes do que antes de começar a meditar.

Procure anotar no caderno qualquer coisa que tinha em mente antes de começar a meditar, ou perguntas ou tópicos em que estava pensando quando começou. Se estiver pedindo uma orientação, pode escrever sobre a natureza do problema para o qual pediu ajuda.

Num capítulo posterior, você aprenderá exercícios de meditação em que terá que desenhar ou escrever enquanto está meditando. Por meio da meditação podemos encontrar respostas para nossos atuais problemas, e também conhecer nossas vidas passadas.

Desde o início eu insisto para que você cultive o hábito de anotar as respostas que obtém. Isso leva apenas alguns minutos, e, dessa forma, você não se esquece do que aconteceu. Estará lá, à sua disposição, para quando você quiser se lembrar de uma meditação em particular.

CAPÍTULO 14

Memória × Imaginação

Neste capítulo, vou ensinar-lhe três exercícios simples de meditação para você diferenciar a memória da imaginação.

Se você acha que precisa de mais esclarecimentos sobre o que é memória real, incluí dezessete páginas de "Exercícios Preparatórios" em dois dos meus livros: *Past Life Regression Guidebook* e *Past Lives, Present Karma Workbook.*

Respiração

Sente-se ou deite-se numa posição confortável. Se estiver sentado, ponha as palmas das mãos para cima. Relaxe os ombros. Feche os olhos. Respire profundamente. Inspire lentamente. Prenda o ar. Abra a boca. Expire vagarosamente. Respire desse modo por três vezes. Agora respire normalmente. Concentre-se na sua respiração e relaxe.

A refeição

Visualize uma refeição que tenha feito hoje. *Não pense sobre ela.* Atente para sua primeira impressão. A primeira coisa que você captar. Não importa o que seja, mesmo que essa refeição tenha sido há 20 anos. Esteja lá agora, saboreando-a.

Repare em como você visualiza esse alimento. Você vê uma imagem clara e definida? Ele é tenro? Velho? Você não vê imagem nenhuma? Você ouve os sons dessa comida? Você consegue sentir o sabor ou o cheiro da refeição? Você é capaz de sentir as texturas, como talheres de prata? Sente alguma sensação física ou alguma emoção ligada a esse alimento? Ou você tem a sensação de saber: "Ah! sim, eu me lembro de comer aquilo"?

Não tente obter respostas para essas perguntas. Deixe que elas lhe ocorram naturalmente. Aceite todo tipo de idéia. A primeira impressão. Você está indo muito bem!

Se não conseguir respostas para algumas perguntas, tudo bem. Se não lhe ocorrer nada, ou se a imagem for se apagando, tudo bem. Aceite qualquer coisa que vier, mesmo que seja apenas uma dor de estômago. Atente para sua primeira impressão. Não tente mudar nem analisar nada.

O mais importante é prestar atenção em *como* você conseguiu as respostas: imagens, sons, cheiros, sabores, texturas, sensações físicas, emoções, sensação de saber ou uma combinação de tudo isso?

Abra os olhos. Anote qual alimento você experimentou e *como* você o recebeu na sua mente. Você também pode colocar a data na margem da folha em que escreveu.

Segunda lembrança

Feche os olhos novamente. Espere que uma lembrança venha à tona. Pode ter sido algo que aconteceu na semana passada ou há 20 anos. Não pense sobre isso. Aceite a primeira impressão que você tiver. Viva a experiência mentalmente.

Preste atenção novamente em como as respostas estão lhe ocorrendo. Imagens, sons, cheiros, sabores, texturas, sentimentos e sensação de saber, ou uma combinação de tudo isso?

Quando você estiver pronto, abra os olhos. Escreva o que sentiu e *como* chegou às respostas neste segundo exercício.

Lembranças da infância

Deixe que uma série de lembranças de sua infância nesta vida venham à tona. Pode ser uma festa de aniversário. Um dia na escola. Um dia no parque. Um encontro de escoteiros. Você e uma turma de outras crianças. Não pense sobre isso. Sinta-se como se fosse uma criança outra vez. Esteja lá agora.

Observe de novo *como* você está obtendo as respostas: visualização, som, odor, sabor, textura, sentimento, sensação de saber, uma combinação de tudo isso?

A essa altura, as lembranças que vêm à tona com esses exercícios já devem vir até você sempre da mesma forma.

Se você estiver conseguindo captar cenas claras, bem definidas, provavelmente você é uma pessoa predominantemente visual. Se as imagens são confusas, inconstantes, ou se você não consegue visualizá-las de jeito nenhum, você não é uma pessoa visual. Quando você medita, as respostas chegam até você de uma forma que não é visual.

Se você conseguiu visualizar uma imagem definida e clara no primeiro exercício, mas ela desapareceu e, no segundo e/ou no terceiro exercício, você sentiu uma emoção em vez de obter uma imagem, isso indica que, durante a meditação, aquilo que você sente é mais importante do que aquilo que você vê.

Se você conseguiu uma combinação de sensações físicas, como paladar e odor num exercício, audição no outro, talvez visão num terceiro, provavelmente você se baseia nos seus cinco sentidos físicos para conseguir orientação, mas não necessariamente nos mesmos a cada meditação.

Se não obteve respostas através da visão, das emoções ou dos sentidos, provavelmente contou com a intuição ou com o conhecimento. Se você é alguém que costuma afirmar "Eu simplesmente sei" em resposta a uma pergunta, é provavelmente assim que você medita: intuindo ou simplesmente "sabendo".

Se sua mente está agitada e você começa a duvidar de suas primeiras impressões, repita os exercícios. Só dessa vez, não ligue para a sua inquietação mental. Não tente controlá-la ou contê-la.

Em vez disso, preste atenção ao modo *como* as respostas a esses três exercícios estão lhe ocorrendo. Isso é o que importa no momento. Estou menos interessada no conteúdo de suas respostas do que em *como* você as obteve.

O meio pelo qual você recebe as respostas desses exercícios preliminares será, muito provavelmente, o meio pelo qual você receberá informações acerca de suas vidas passadas, quando fizer os exercícios deste livro.

Se esses exercícios fizeram com que muitas sensações aflorassem, sem que você nem saiba por que se sentiu assim, pegue um caderno pequeno e apenas escreva, escreva, escreva, escreva. Escreva tudo o que estiver pensando e sentindo, até não ter mais nada para escrever. Só então ponha o caderno de lado.

A mente subconsciente tem sua maneira característica de estabelecer relações. Você pode ter captado algo em que não tenha pensado há anos. Surgiu por alguma razão. À medida que fizer outras meditações, as ligações tornar-se-ão mais claras.

Como sei quem eu sou?

Eu gostaria que você se concentrasse na lembrança que veio à tona e voltasse a se sentir criança. Sinta-se no corpo daquela criança. Responda a estas perguntas:

1. Quantos anos você tem?
2. Onde está?

3. O que está acontecendo à sua volta?
4. O que está fazendo?
5. Como você se sente?
6. Quem mais está com você?

Agora, escolha uma outra criança do grupo. *Não escolha seu irmão, sua irmã ou seu melhor amigo.* Selecione uma criança a quem você não era muito chegado. Talvez você nem se lembre do nome dela.

Agora, eu quero que você tente algo. Experimente entrar no corpo da outra criança. Tente ver a partir dos olhos dela e olhar para o seu próprio rosto. Tente sentir as emoções dela dentro do seu corpo. Quando tiver terminado, volte ao seu próprio corpo de criança. Abra os olhos.

Caso não consiga fazer esse exercício, tudo bem. A maioria também não consegue. O motivo de eu lhe ter pedido para fazê-lo é ajudá-lo a identificar quem você não é. Essa distinção é importante no trabalho de vidas passadas.

Se você pode ver o seu próprio rosto, então não está no seu próprio corpo, a menos que esteja se olhando num espelho. Você viu seu rosto a partir do "observador mental", e não estava dentro de um corpo.

Se disser "Eu acho", enquanto está no corpo da outra criança, é porque está tentando adivinhar o que ela sente. Se o sentimento fosse seu, você diria "eu sinto" e "eu sei em que parte daquele corpo eu tenho essa sensação".

A essa altura, provavelmente você estará se perguntando como isso pode ajudá-lo a captar suas vidas passadas para estudá-las em meditação. Numa vida passada, você não ocupou o mesmo corpo que tem agora. O corpo morre ao fim de cada existência. A Alma transmigra para um corpo novo. Por isso, é importante saber como achar o seu corpo e tomar posse dele. Como você sabe qual corpo é seu e qual não é?

Em meditações de vida passada, você entra sutilmente no corpo que tinha na existência anterior, como se estivesse vestindo um casaco. Se o corpo era seu, servirá. Caso contrário, não ficará bem. Se você tentar vestir o casaco de alguém, você vai sentir a diferença. Os ombros podem ficar apertados demais. Ou o casaco parece muito curto. Ou há algo nos bolsos que você sabe que não é seu. O casaco não servirá, da mesma forma que o corpo errado não vai servir.

Na lembrança da infância, se o corpo era realmente seu quando criança, você poderá facilmente entrar nele, observar através de seus olhos, ver os rostos das outras crianças e sentir suas próprias sensações dentro de seu corpo. É fácil fazer isso porque se trata do seu corpo. Se não fosse seu, você acharia mais difícil entrar e permanecer nele.

Há uma grande exceção. Os médiuns em transe podem entrar facilmente no corpo de outra pessoa, ver por meio dos olhos e perceber os sentimentos dessa pessoa, mas eles sabem que estão entrando no corpo de outra pessoa. É como me disse certa vez um médium: Sinto-me como se estivesse atravessando uma porta para entrar num outro corpo, como se tivesse acabado de entrar em outro cômodo, embora tenha certeza de que não estou em minha casa.

CAPÍTULO 15

Quem era você quando nos conhecemos antes?

Você está prestes a reviver uma de suas vidas passadas numa meditação, que deve durar de 20 a 25 minutos. Sugiro que grave a meditação em fita cassete e faça uma lista de perguntas num gravador. Ponha a fita para tocar enquanto você faz essa meditação.

Nos primeiros cinco minutos, você estará num jardim, encontrando-se com o seu Eu Superior, que o guiará nessa viagem a uma vida passada e fará perguntas por você.

Mantenha seu "diário" e uma caneta à mão. Quando abrir os olhos, tome nota da informação que recebeu.

A meta deste exercício é descobrir quando você conheceu, numa vida passada, alguém que conhece agora. Poderá descobrir em qual existência isso aconteceu e qual o relacionamento entre vocês dois.

Releia o Capítulo 13 para saber como se preparar para meditar. Procure sentir-se confortável. Quando estiver pronto, ligue o gravador e feche os olhos.

O Eu Superior no jardim

Vire as palmas das mãos para cima. Certifique-se de que o tampo da mesa ou outra coisa qualquer não esteja obstruindo as mãos. Se estiver sentado, pise no tapete com a planta dos pés. Dessa forma, suas mãos recebem energia, assim como os pés.

Feche os olhos. Respire três vezes, profunda e vagarosamente. Inspire. Abra a boca. Expire. Outra vez, inspire e expire vagarosamente. De novo. Inspire e expire. Agora, volte a respirar normalmente. Concentre-se na inspiração e na expiração normal.

Mentalize um raio ou um fluxo de luz branca atravessando o topo da sua cabeça. Deixe-o percorrer todo o seu corpo, da cabeça aos pés. Ao mesmo tempo, visualize uma pirâmide de luz branca sobre você. Agora você está mergulhado na luz branca.

Concentre-se na luz branca. Ela é a energia do seu Eu Superior. Está protegendo-o e trazendo-lhe as respostas. Concentre-se nela. Deixe que ela faça tudo por você.

A pirâmide de luz branca está levantando você da cadeira. Você está se elevando e movendo-se no ar. A luz branca está indo em direção a um jardim, o mais belo que você já viu.

À medida que se aproxima do jardim, você vê flores coloridas em toda parte, bem como árvores e uma grama muito verde. Os pássaros cantam. Pode haver também um regato ou uma cascata.

Caminhe por esse jardim. Mantenha a pirâmide de luz branca sobre você. Continue visualizando a luz branca dentro de você. Aspire a beleza desse jardim. É o mais belo jardim em que você já esteve.

Imagine que uma leve brisa sopra, e que a luz do sol banha o seu rosto. Ouça o canto dos pássaros. Ouça a cascata. Aspire o perfume das flores. Caminhe pelo jardim e aprecie a beleza de cada coisa que cresce.

Agora, procure um lugar onde possa se sentar. Pode ser sob uma árvore, ou na grama, sobre um monte, ou então às margens de um regato. Encontre um lugar no jardim e sente-se. Sentado, faça com que a pirâmide de luz branca se amplie. Torne-a tão grande que abarque tudo o que está ao seu redor.

Concentre-se na luz branca. Peça ao Eu Superior para que ele apareça na forma que ele desejar. Quando ele se materializar, vá até ele. Toque-o. Sinta o seu amor, a sua sabedoria, a sua proteção.

O Eu Superior fará todo o trabalho por você nessa meditação. Vai ajudá-lo a captar sua vida passada e responderá a todas as suas perguntas.

Pergunte à luz branca por qual nome você pode chamá-la. Você pode voltar ao jardim sempre que quiser. Coloque a luz branca ao seu redor. Chame o seu Eu Superior pelo nome e peça a sua orientação, sempre que precisar.

Depois de o Eu Superior dizer o seu nome, chame-o e peça-lhe orientação nessa meditação acerca das suas vidas passadas.

"Quero relembrar uma vida passada em que já conheci (diga o nome de alguém que você conhece na vida atual). Peço que me ajude a chegar a essa vida passada e que descubra como ela está afetando nosso relacionamento hoje."

Feito esse pedido, mantenha-se em silêncio. Concentre-se na luz branca dentro de você e ao seu redor. Deixe que ela faça o resto por você.

Sua vida passada está vindo agora na sua direção. Também o seu corpo nessa vida vem até você. Entre nele como se estivesse vestindo um casaco. Ponha as mãos nos braços que pertencem a esse corpo. Toque em seu torso e em suas pernas. Você está dentro do corpo que teve na vida passada. Confie que, agora, você está nele.

Mantenha a luz branca dentro de você e ao seu redor. Concentre-se nela. Vou lhe fazer uma série de perguntas. A luz branca lhe dará as respostas.

1. Quando conheci fulano(a) numa vida passada?
2. Qual era o nome do lugar onde o(a) conheci?
3. Qual foi o ano em que o(a) conheci?
4. Qual era o seu nome?
5. Qual era o meu nome?
6. Essa pessoa era homem ou mulher?
7. Eu fui homem ou mulher?
8. Éramos membros de uma mesma família?
9. Qual era o nosso parentesco?
10. Gostávamos um do outro?
11. Havia algum problema em nosso relacionamento?
12. Como o relacionamento da nossa vida passada está ligado a quem somos hoje?
13. Há alguma coisa que eu precise fazer ou dizer a essa pessoa agora?
14. Há algo que ele(a) precise fazer para mim ou me dizer agora?
15. O que aprendi hoje ao descobrir essa vida passada?
16. O que ainda preciso aprender?
17. Há algo mais que eu deva aprender sobre essa vida passada?

Volte ao jardim. Peça ao Eu Superior por mais orientação. Se tiver mais perguntas, agora é a hora de fazê-las. Deixe o Eu Superior dar-lhe as respostas. Quando terminar, agradeça ao Eu Superior pela orientação dada.

Uma vez pronto para voltar ao presente, agradeça à vida passada e à luz branca pelas introvisões que você tiver alcançado.

Deixe que a vida passada e o seu corpo nessa vida passada voltem para o passado.

Volte ao jardim. Mantenha a luz branca dentro e fora de você. Novamente, agradeça ao Eu Superior pela sua orientação. Quando estiver pronto, vagarosamente volte ao aposento e abra os olhos.

É importante para você ter algo em que se fixar. Fixe o olhar num objeto que esteja na sala. Pense positivamente sobre esse objeto. Estique os braços acima da cabeça, e estire os músculos das pernas. Esfregue as palmas das mãos no joelho e no tapete, ou em outra superfície qualquer. Levante-se lentamente. Caminhe ao redor do aposento. Toque em diferentes objetos. Coma algo, nem que seja um pedaço de pão ou de fruta. Movimente o corpo até que o devaneio se desfaça e você se sinta de volta ao seu corpo.

Por que você se sente bloqueado?

Há três causas principais para os bloqueios durante a meditação. Uma delas são os julgamentos ("Isso não pode estar certo"). Quando você julga, você interrompe a meditação. O ato de meditar é o processo pelo qual você recebe as respostas espontaneamente. Assim, para superar a sensação de bloqueio, pare de fazer julgamentos e deixe que o Eu Superior faça *todo* o trabalho por você.

A segunda razão é o fato de você precisar "ver" as respostas. Vivemos numa cultura que dá muita importância ao lado visual. É muito difícil deixar de lado as expectativas de ver alguma coisa durante a meditação. Repito: você pode ouvir, sentir, cheirar, saborear, tocar ou saber. Não tem de ver *coisa nenhuma* nas meditações de vidas passadas.

Em terceiro lugar, se tem dúvidas com relação a uma resposta, ou se não está conseguindo nenhum resultado, pergunte de novo. Espere por uma resposta. Tenha paciência. Essa resposta pode vir até por meio de uma sensação física. Não descarte nada.

Quem não costuma confiar nos próprios sentimentos, normalmente não confia no que sente durante a meditação. Se for esse o seu caso, ou se você é perfeccionista (na maioria das vezes, os dois problemas andam de mãos dadas), quanto mais você meditar mais fácil será aceitar os seus sentimentos. Acreditar nos seus sentimentos é a chave para aprender a meditar.

Gente profundamente deprimida também passa por dificuldades na meditação. As pessoas deprimidas têm muita raiva reprimida e freqüentemente não confiam em nenhum sentimento sobre esta vida. Dessa forma, elas dificilmente confiam nos sentimentos da vida passada. Para superar a depressão, na maioria das vezes, é preciso um tratamento terapêutico. Só depois da terapia é que a meditação começa a surtir efeito.

Se você continuar a se sentir bloqueado, volte ao seu "diário". Tome nota dos pensamentos e dos sentimentos que aflorarem até que se sinta mais calmo e mais concentrado. Numa oportunidade posterior, você poderá tentar fazer de novo a meditação de vidas passadas.

CAPÍTULO 16

Interprete as suas respostas

Digamos que as respostas que você obteve para essas perguntas tenham sido: "Casa e carruagem. Paris. 1856. Jean Pierre. George. Masculino. Masculino. Sim, éramos primos. Éramos amigos muito íntimos."

Se conseguiu todas essas informações, você já conseguiu bastante para os 20 minutos de meditação.

Contudo, digamos que, em vez disso, você só conseguiu as seguintes respostas: "Casa e carruagem. Cobblestone Street. Ano de 1800. Masculino. Não sei se éramos parentes. Algo sobre casarão, acho eu."

Na segunda tentativa, você não obteve toda a história. Há lacunas, e pode haver mais perguntas que não foram respondidas.

Volte ao jardim. Visualize a luz branca dentro de você e ao seu redor. Chame o seu Eu Superior pelo nome que ele lhe forneceu. Faça as perguntas que quiser.

Não tenha pressa. Concentre-se na luz branca preenchendo-o e envolvendo o seu corpo. Com paciência, você obterá as respostas.

Suas perguntas devem ser breves; quanto mais simples, melhor. É mais fácil obter respostas se fizer perguntas que possam ser respondidas com uma palavra, como um sim ou um não. Exemplo: "Ele é meu primo?"

Algumas pessoas não obtêm respostas em palavras. Elas vêem um filme. Se for seu caso, "assista ao filme". Depois escreva, ou mesmo desenhe.

Quando seu Eu Superior estiver pronto para lhe responder, você pode não saber mais o que perguntar. Assim, eis alguns exemplos baseados no enredo do tipo "Cavalo e Carruagem. Paris. 1856. Primos".

Jean Pierre está ligado ao cavalo e à carruagem? O cavalo é dele? A carruagem é dele? Ele estava na carruagem? Ele a estava conduzindo? Estava vendo o cavalo e a carruagem passar? Os dois primos estavam na carruagem? Nesse caso, aonde íamos? Aconteceu alguma coisa com a carruagem? Chegamos sãos e salvos? O que aconteceu após chegarmos? Qual era nosso destino? Por que estávamos indo para lá? Havia alguém mais na carruagem? Havia alguém aguardando a nossa chegada? Esse acontecimento tem alguma relação com o nosso relacionamento atual? Se tem, qual é? Estamos fazendo as mesmas coisas agora? Aprendemos algo agora que deixamos de aprender naquela oportunidade? O quê? O que temos ainda de aprender? Existe alguma outra informação que eu deveria saber?

Você pode estar surpreso pelo fato de vocês dois serem do mesmo sexo na vida passada. Isso é especialmente verdadeiro se vocês forem do sexo oposto agora. O sexo e as funções mudam de vida para vida. O padrão é manter o mesmo sexo durante duas ou três existências e depois trocar, permanecendo assim por mais duas ou três vidas.

A troca ou as mudanças de papéis também são comuns, não importa as lições que têm de ser aprendidas. Por exemplo, pais e filhos freqüentemente trocam de papéis de uma existência para outra. Um pai numa vida passada pode ser um irmão mais velho agora. Autoridades podem se tornar subordinados, ou vice-versa.

Acredito também que já pertencemos, em outras vidas, a todas as raças, religiões e nacionalidades para aprender a ser tolerantes e para superar o preconceito. Para a Alma, essa é uma parte importante do aprendizado referente ao amor incondicional.

Já tive oportunidade de encontrar vários casos de inversão. Se há um grupo particular contra o qual você tem preconceito, ou do qual não gosta por uma razão ou outra, é possível que esse grupo tenha sido seu inimigo numa vida passada. Nesta existência, você pode estar passando pelo desafio de não ser preconceituoso.

Também é comum passarmos pelos dois lados de um mesmo problema ou de um relacionamento para conhecermos "outros pontos de vista". Esse é um atalho que nos ajuda a aprender mais rápido uma lição kármica.

Lembranças ou traumas de vidas passadas, como ter morrido numa guerra, também podem explicar seus relacionamentos nesta vida. Um companheiro ou um colega na vida passada pode voltar a esta vida como seu protetor, ou vice-versa. Um inimigo numa vida passada pode voltar como seu parente próximo; assim, vocês aprenderão a confiar um no outro e a se respeitar.

Esses são os tipos de relacionamentos que podem vir à tona enquanto você faz essa meditação. Não estão esgotadas todas as possibilidades. Entretanto, escolhi o tema "Quando o conheci?" porque essa é a pergunta mais comum que as pessoas fazem quando realizam sua primeira regressão a uma vida passada. Assim, a meu ver esse é um ponto ideal para você começar.

Pontes da memória

As três formas mais comuns para se ter acesso às vidas passadas são:

1. A cognição (as palavras, as crenças, as expectativas, os pensamentos). Exemplo: "Quando eu tiver mais tempo, as coisas mudarão."

2. Os sentimentos e as emoções. Exemplo: "medo de altura" ou "raiva quando meu chefe grita comigo".

3. O corpo (sensações físicas, dores, alergias, sensações agradáveis). Exemplos: "estiramento dos músculos da perna esquerda" ou "o frio na barriga quando estou para visitar tia Emma".

Quase sempre há algum conteúdo emocional ligado a esses sentimentos e sensações. Não sugiro que você faça uma auto-regressão se tiver sérios problemas psíquicos ou emocionais, ou se você costuma ficar perturbado com os resultados dessas meditações. Isso indica que sua mente subconsciente está tentando lhe dizer que você não é capaz de resolver esse problema sozinho e, portanto, talvez precise de ajuda profissional.

Se você se sente bloqueado, deprimido, perturbado, receoso, incapaz de entender as informações que captou durante a meditação, ou se, por alguma outra razão, precisa de ajuda, sugiro que procure um profissional experiente em regressão de vida passada para ajudá-lo. Entre em contato com a Association for Past Life Research and Therapies (APRT), P.O. Box 20151. Riverside, Califórnia 92516-0151. Telefone (909) 784-1570. Fax: (909) 784-8440. Peça referências de alguém na sua região. A APRT tem associados em todos os Estados americanos e em muitos outros países.

CAPÍTULO 17

Diário de meditação e de vidas passadas: uma introdução

Sei que você quer fazer mais meditações por sua conta e saber mais sobre suas vidas passadas. Por isso, criei outros tipos de meditação. Nos capítulos seguintes deste livro, você aprenderá a meditar enquanto usa as mãos para desenhar e para escrever. Não é necessário ser artista ou escritor, nem ser um experiente praticante de meditação para fazer os exercícios a que nos referimos.

Tenho ensinado essas técnicas por mais de catorze anos a centenas de pessoas, além de outras tantas por meio de meus livros e de fitas cassete.

A chave para se fazer esse trabalho sem a presença de um orientador é lembrar-se de que você está meditando. Deixe o seu Eu Superior (a luz branca) trazer-lhe as respostas, como fez nos Capítulos 13 e 16. Não permita que sua mente crítica e analítica interfira e deixe o Eu Superior trabalhar por você.

Meus alunos costumam usar essas técnicas para analisar suas vidas passadas e o futuro. Eles conversam com seu Eu Superior, com seus guias espirituais, com parentes falecidos e até com suas subpersonalidades. Alguns chegaram a visitar outras galáxias e outras dimensões.

Os resultados e a aplicação dessas técnicas não têm limites. Você pode usá-las para obter as respostas que quiser. Tudo o que tem de fazer é perguntar e deixar o Eu Superior fazer o resto.

Agradecimentos/Objetivos

Antes de continuar, quero agradecer a Lucia Capacchione, autora de *The Creative Journal*, *The Art of Finding Yourself* e de outros livros, por ter-me dado a idéia de usar ambas as mãos para desenhar e escrever num diário. Essa sugestão foi decisiva para o aperfeiçoamento das técnicas do Diário de Meditação e de Vidas Passadas que você vai aprender a fazer. Eu tenho dado continuidade aos valiosos trabalhos de Lucia e procurado desenvolvê-los por meio dos meus sonhos, do meu diário, de meditações e de mais de catorze anos de experiência ensinando essas técnicas.

Objetivos

Descobri que escrever e desenhar durante a meditação nos ajuda a alcançar três objetivos:

1) Ajuda no aprendizado da meditação ou a aperfeiçoar a prática dessa técnica.

2) Ajuda a desenvolver ou a aprimorar a mediunidade ou a aguçar a intuição.

3) Ajuda a ter acesso à informação sobre vidas passadas. Essas técnicas podem ser usadas para auxiliar as sessões de regressão ou como o único instrumento para ter acesso a vidas passadas.

Acredito seriamente que a regressão a vidas passadas, realizada por um profissional experiente e de boa formação, é o método mais seguro e mais confiável para investigar vidas passadas. Contudo, muitas pessoas não têm acesso a profissionais experientes, não têm tempo nem dinheiro para pagar sessões particulares, nem têm alguém a quem possam confiar esse delicado trabalho de investigação.

Além disso, ao contrário do que ocorre em muitas partes do mundo, no Ocidente as pessoas não acreditam em reencarnação. Dúvida, medo e ceticismo freqüentemente acompanham aqueles que analisam suas vidas passadas pela primeira vez. Ouço essas dúvidas e questionamentos nas minhas aulas e nas sessões particulares. As pessoas querem saber se as informações que estão obtendo são reais ou apenas fruto da sua imaginação.

Aprenda a confiar

As sessões particulares de regressão normalmente parecem mais seguras e mais produtivas quando o cliente não confia nas informações que recebe durante a meditação ou não confia em seus sentimentos, ou ambas as coisas. Entretanto, se você tem experiência em meditação, ou se é um principiante ansioso por experimentar algo novo e pouco comum, sei que você achará essas técnicas divertidas, eficientes e muito seguras.

Assim, quando alguém me pergunta como pode investigar suas vidas passadas, respondo o seguinte:

1) Não há nada que substitua a sessão individual de regressão feita sob a supervisão de profissionais capacitados. Isso porque, nessas sessões, o cliente pode obter mais detalhes acerca do trabalho de regressão, o orientador tem condições de interpretar com mais precisão as informações sobre as vidas passadas, e os resultados terapêuticos são maiores.

2) Uma vez que não são todos que podem procurar um profissional, desenvolvi meditações que você mesmo pode fazer, com segurança, enquanto desenha e escreve ao mesmo tempo, usando as duas mãos. Canetas, lápis de desenho, giz de cera, bloco de rascunho e cadernos servem como "material de base" (Chaves e anéis retêm energia durante as leituras psíquicas).

O que os meus alunos me contaram

Nos anos de 90 e 91, distribuí questionários entre meus alunos para saber qual a sua opinião sobre esses métodos, como se sentiram ao fazer os exercícios, ou se achavam necessário fazer alguma mudança. Suas respostas foram muito úteis.

Disseram que as técnicas que descrevi são fáceis de aprender, mesmo para quem não tem experiência em meditação, em desenvolvimento psíquico ou em regressão a vidas passadas.

Poucos acharam difícil "formular" perguntas para fazer em suas meditações. A maioria preferiu desenhar e, só então, escrever suas respostas. Alguns preferiram apenas escrever.

Todos gostaram de compartilhar os resultados com o restante do grupo. Muitos aprenderam bastante ouvindo o que os outros diziam nos debates durante as aulas.

Os alunos tiraram grande proveito da comunicação direta com o seu Eu Superior na luz branca e no jardim das meditações. Eles acharam melhor fazer as duas meditações enquanto trabalhavam no diário.

O que as pessoas mais queriam era ter um pouco mais de tempo para colocar em prática o que tinham aprendido, para partilhar seus resultados e para ouvir meus comentários e os dos outros alunos acerca desses resultados. Então, durante dois anos realizei um curso, com uma aula semanal, sobre Diário de Meditação e de Vidas Passadas. Isso me levou a compreender como é eficaz e importante, no trabalho de meditação, partilhar as experiências com as outras pessoas.

Sabendo que minhas técnicas eram bem recebidas e que traziam excelentes resultados, decidi averiguar por que as pessoas que freqüentavam as minhas aulas chegavam a melhores resultados do que aquelas que só faziam o Diário de Meditação e de Vidas Passadas em casa. Eu queria saber como poderia aperfeiçoar as técnicas de forma a beneficiar o maior número de pessoas.

Vantagens do estudo em grupo

Eis o que meus alunos me revelaram:

1) Em aula, eu poderia esclarecer as suas dúvidas e, quando necessário, complementar as aulas com consultas particulares, incluindo regressões a vidas passadas. Quanto mais freqüentavam as minhas aulas, mais eles confiavam nas suas próprias respostas. E eu os encorajava a prosseguir.

2) Os alunos que fizeram meus cursos do Diário de Meditação, depois de freqüentar os cursos sobre Vidas Passadas e Karma Atual sentiram-se mais bem preparados para pôr em prática o Diário de Meditação e de Vidas Passadas.

3) As classes se reuniam uma vez por semana, o que dava a todos a oportunidade de se encontrar com um grupo de apoio. Estou convencida de que essa foi a principal razão da mudança pessoal ter acontecido.

Como organizar seu próprio grupo de estudos

Ao explicar tudo isso às pessoas que, como você, se dedicam ao estudo da meditação e da reencarnação, minha intenção é ajudá-los a praticar sozinhos ou em grupo os exercícios deste livro e dos outros livros de minha autoria.

Vocês podem reunir, uma vez por semana, algumas pessoas interessadas, fazer os exercícios do manual, ler e analisar os resultados. Troquem telefones. Troquem idéias durante os intervalos entre uma reunião e outra.

Caso você queira conhecer os meus outros livros, aí vai uma relação:

1) *Past Life Regression Guidebook*,

2) *Past Lives, Present Karma Workbook* e

3) *Finding Your Purpose Through Astrology Workbook.*

Você pode adquiri-los em livrarias esotéricas ou pedi-los por reembolso postal.

Aprenda a confiar nas suas respostas

O maior obstáculo a ser superado no trabalho de vidas passadas é não confiar nas informações recebidas durante a meditação. Se é isso o que ocorre com você, você precisa vencer essa falta de confiança.

Sugiro que pratique os exercícios do livro *Past Lives, Present Karma Workbook*. Contudo, se você passou por experiências traumáticas ou por uma depressão crônica, tem uma família ou relacionamentos problemáticos, ou outros problemas graves, aconselho-o a procurar um psicoterapeuta. A meditação e a regressão a vidas passadas são instrumentos úteis, mas são complementos (não substitutos) para se trabalhar o medo e outros problemas do presente.

Obviamente, é mais agradável e gratificante fazer a investigação das vidas passadas num grupo de apoio do que sozinho. A disposição para se abrir com pessoas que são "prestativas" (palavra decisiva!) e que tenham experiências semelhantes às suas gera amizades duradouras e dá uma sensação de segurança. Essas coisas são importantes quando se investiga vidas passadas.

Quanto mais você trabalhar nesse sentido, mais desenvolverá sua mediunidade e aguçará a sua intuição. Talvez, você de repente comece a se lembrar de sonhos ou a "saber" ou "ver" coisas que outros não vêem e não sentem. À medida que suas habilidades se desenvolvem, você tem introvisões sobre o futuro, lembranças da infância, de outras pessoas, recordando, inclusive, quando os membros do seu grupo se conheceram em uma vida passada. Partilhar essas introvisões com o seu grupo de meditação reforça os resultados positivos.

Como usar a intuição para resolver problemas

Na América, a capacidade psíquica, ou intuição, era considerada menos útil do que a razão analítica. Contudo, aqueles que solucionam melhor os problemas, em setores diversos como engenharia, vendas ou no campo policial, muitas vezes se valem da intuição, de "palpites", de "pressentimentos" ou de outros recursos interiores. Não importa do que sejam chamadas as introvisões, elas são produtos da "intuição". São "adivinhações" que não podem ser provadas ou "atalhos" que levam à descoberta de respostas enganadoras para problemas complicados. Felizmente, a intuição está sendo cada vez mais aceita em nossa sociedade.

Pense na intuição como sua capacidade inata para solucionar problemas. Ela se desenvolve à medida que você aprende a meditar e a confiar em suas respostas. Também é a chave para o sucesso no trabalho com vidas passadas.

Quando estiver fazendo seu Diário de Meditação e de Vidas Passadas, siga as suas primeiras impressões, as suas primeiras respostas, mesmo que elas não façam sentido. Aceite as suas primeiras respostas, mesmo quando você desconfiar delas. Isso faz com que sua intuição se desenvolva.

Se você já estudou tarô, psicometria, leitura da aura, simbolismo dos sonhos ou outros métodos de interpretação psíquica, creio que compreende a minha sugestão. Corra o risco de aceitar qualquer imagem, palavra ou sentimento que aflorar enquanto você medita, mesmo quando tiver dúvidas. Aceite o que conseguir! Seu Eu Superior e seus guias não o desapontarão! Como ocorre com qualquer outra coisa, o que é novo e estranho assusta. Quanto mais você praticar, mais fácil se tornará.

Afinal, o que é meditação?

A meditação é um estado de consciência em que a mente inquieta é tranqüilizada, os músculos relaxam, a temperatura do corpo freqüentemente diminui, a respiração se torna lenta. É um estado familiar para quem viaja longas distâncias, permanecendo horas em devaneio. Ocorre quando alguém está absorto num filme que passa na tevê e perde a noção do tempo. Pessoas que costumam correr ou praticar *jogging* atingem "um estado de profunda meditação". Muitas pessoas têm suas melhores idéias enquanto tomam banho de chuveiro, outro excelente exemplo de meditação. Os sonhos também são semelhantes ao estado meditativo.

À medida que você compreender o quanto a meditação já está afetando a sua vida cotidiana, creio que será mais fácil aceitar as suas introvisões. Desmistifique o seu conceito do que é meditar!

Esse é o motivo por que decidi escrever este livro. Informações sobre as suas vidas passadas, sobre outras dimensões, sobre o passado e sobre o futuro estão ao seu alcance nesta vida. Porém, você tem de aprender como desligar o seu "falatório mental", e enfrentar o medo e as dúvidas acerca do desconhecido. Só assim você terá acesso a essas preciosas informações. Quando supera as suas dúvidas e medos, você entra em sintonia com uma "freqüência mais elevada" no seu "rádio ou tevê cósmicos". É dessa forma que a informação sobre uma vida passada, sobre outra dimensão ou uma informação "paranormal" chega até você.

Não há limites para a aplicação das técnicas de meditação, exceto aqueles criados pelo medo, pela dúvida, pela falta de confiança e pelas crenças restritivas. Tenho visto resultados animadores e profundos por parte de muitos de meus alunos. Nunca me canso de dizer a eles: "Essas técnicas funcionam se vocês as colocarem em prática!" Faço a você, leitor, a mesma advertência. Eu sugiro que você faça o que for preciso para aprender a confiar nas suas respostas.

A meditação e a investigação das vidas passadas são uma aventura! Está na hora de se aventurar! Escreva-me, se quiser! Adoro ouvir histórias de sucesso!

Técnicas de meditação

Cada exercício do Diário de Meditação segue o mesmo esquema básico. Aqui vai um esboço:

1) Organize seu material.
2) Faça a meditação da luz branca.
3) Faça um desenho com a mão que você usa menos (que, na maioria das vezes, é a esquerda). Mantenha os olhos fechados.

Por que desenhar com a mão que você usa menos?

A mão que você usa mais é aquela com a qual você escreve. A escrita é uma tarefa exercida pelo lado esquerdo do cérebro, uma atividade orientada, que envolve o pensamento e a análise.

Por exemplo, pagar contas, responder cartas, tomar notas em palestras e em entrevistas, fazer o trabalho de escritório.

A mão que você usa menos é a outra, com a qual você normalmente não escreve. Ela liga você com o lado direito do cérebro, com os sentimentos, com a capacidade psíquica, com a criatividade, com a intuição. Ela o ajuda a expressar aspectos de si mesmo dos quais você pode não ter consciência, por exemplo, lembranças de vidas passadas.

Eis um exemplo: conheço um terapeuta que fraturou o pulso direito. Ele é destro e costuma jogar tênis. Recusou-se a desistir do tênis enquanto o pulso se recuperava. Então, jogou tênis com a mão esquerda por seis semanas. O uso regular da mão esquerda fez com que ele mudasse emocionalmente. Tornou-se mais aberto, mais vulnerável e expressivo. O fato também levou-o a se tornar mais sensível com relação aos sentimentos de seus pacientes.

Por que fechar os olhos?

Peço-lhe que feche os olhos quando estiver desenhando porque assim você não terá como censurar o seu desenho. Quando vence os obstáculos da meditação, você aumenta a sua criatividade, a sua intuição e a expressão de si mesmo.

Você pode perceber a diferença no que diz ao abrir os olhos. Você pode dizer algo como: "Não gosto desta cor. Por que eu a usei?" ou "O que é isso? Parece uma fábrica de espaguete!"

O ato de fechar os olhos físicos leva à abertura do terceiro olho ou do olho psíquico (uns dizem que ele está localizado no meio da testa; outros afirmam que fica no cérebro). Quando os olhos físicos estiverem fechados, você começará a sentir ou a "ver" as respostas por meio desse "terceiro olho".

O que é fixação psíquica?

Desenhar com a mão que você usa menos e com os olhos fechados (seguido pelo ato de escrever com as duas mãos) permite que registre ou "fixe" pensamentos, imagens e emoções. Registrar esses sentimentos no papel faz com que as suas energias se "fixem", mas o que você desenhar e escrever pode, a princípio, não fazer muito sentido para você. Você está trazendo informação de uma dimensão superior para a terceira dimensão e transformando-a em imagens e em palavras.

Para os leitores que entendem de informática, posso dizer que isso é como "baixar arquivos" de um programa, de forma que você possa interpretar os dados quando eles estiverem no seu disco rígido ou nos seus disquetes.

Considere uma outra analogia com o princípio da corrente elétrica. Se a eletricidade vier em altas voltagens diretamente para a sua casa, esta se transformará em cinzas. Quando a corrente é reduzida para uma "corrente doméstica", a eletricidade percorre todos os eletrodomésticos, as instalações, etc., sem causar nenhum dano.

De modo semelhante, o hemisfério direito do cérebro tem a sua própria "lógica", que freqüentemente não "bate" com o que o "hemisfério esquerdo do cérebro" analítico considera lógico. A lógica do hemisfério direito tem de ser "interpretada" ou "dosada". Por exemplo, um médium pode ver um tom cor-de-rosa em sua aura (o campo de energia que circunda o seu corpo). Se você não estiver usando nenhuma roupa cor-de-rosa, o médium tem de interpretar, ou "ler" o que isso significa para você nesta dimensão.

Os médiuns freqüentemente usam "recursos de fixação" como as cartas do Tarô ou pedras preciosas impregnadas com a energia da pessoa da qual precisam alguma informação. De forma semelhante, canetas e lápis "fixam" a sua energia e permitem que você registre as respostas no Diário de Meditação.

Meditação, não arte

Muito do que você desenhar no Diário de Meditação não é "artístico", num sentido convencional. Não deixe que "a crítica" o desanime. Ignore-a! Confie no seu Eu Superior! Mesmo que você não tenha consciência do seu Eu Superior, é assim que você obtém as informações durante a meditação.

Muitos praticantes de meditação acham difícil superar a crença de que têm de visualizar para meditar. Eu lhes digo que não! Sentimentos, sensações, sons e emoções são tão válidos quanto a visão. Meu conselho é: confie nas informações que você recebe e no meio pelo qual elas chegam até você! Não existe maneira certa ou errada de se obter respostas. Quer você seja ou não visual, o Diário de Meditação funcionará se você praticar a meditação!

Materiais que você deve providenciar antes de começar a meditação

Compre os seguintes objetos antes de começar a fazer o Diário de Meditação e de Vidas Passadas:

1) *Um bloco grande de rascunho*, de preferência com aproximadamente 35 cm × 43 cm, ou maior. Quanto maior, melhor.

2) *Um caderno espiral*, de preferência, com aproximadamente 23 cm × 30 cm, de 200 folhas ou mais. Ele acabará logo se, depois da meditação, você costuma escrever muito.

3) *Lápis ou giz de cera:* 48 lápis de tamanho comum ou maiores, mais alguns giz de cera grandes. Não use os de seus filhos. Compre os seus. Eles ficam impregnados com a sua energia.

4) *Mais algumas canetas ou lápis:* caneta esferográfica, caneta-tinteiro ou hidrográfica, ou lápis, uma para cada mão.

5) *Recipiente para os lápis e canetas:* caixa de sapato, embalagem plástica para alimentos, caixa de lanche, estojo de cosméticos, etc.

6) *Retire o papel de cobertura de todos os lápis de cera:* esses papéis atrapalham a meditação. Assim, retire todos os pa-

péis que envolvem os lápis de cera. Torne o trabalho mais agradável dividindo-o com as outras pessoas do seu grupo de meditação ou faça isso enquanto estiver assistindo televisão ou falando ao telefone. Sua meditação será mais bem-sucedida se os lápis puderem fixar sua energia durante esses exercícios.

Diagrama: Onde colocar o seu material

Você se senta aqui

A mão que você usa mais		*A mão que você usa menos*
Lápis papel canetas livro (próximos das mãos que escreve)	<u>Bloco de rascunho</u> (bem à sua frente)	Recipiente com todos os lápis e canetas que você quiser (apontados e sem o papel que os envolve)

Distribua o material dessa forma antes de começar a meditar, desenhar ou escrever no Diário de Meditação e de Vidas Passadas.

Local: Reserve um espaço em sua mesa onde você possa deixar seu material — pronto para ser usado. Não coloque nesse espaço outras coisas como contas a pagar ou pilhas de listas telefônicas. Inclua objetos que o façam se sentir seguro, como incenso, velas, cristais, músicas para meditação, plantas, mantras, desenhos, etc.

Privacidade: Se você não mora sozinho, reserve um espaço para meditação, longe dos membros da família. Se isso não for possível, coloque suas anotações numa gaveta e tranque-a. O Diário retém sua energia. Quero que você escreva nele qualquer coisa que lhe ocorra sem pensar que alguém poderá ver e interpretar mal o que você escreveu. Assim, antes de começar, proteja a sua privacidade e assegure-se de que haja somente energia sua no espaço reservado para meditação.

A meditação da luz branca

Quando tiver organizado seu material e o espaço de meditação, comece seu Diário de Meditação sintonizando-se com o seu Eu Superior.

1) Sente-se silenciosamente. Procure uma posição confortável.

2) Recomendo a "Posição de Recepção", mas você pode usar a posição de "Lótus" ou qualquer outra com a qual já esteja acostumado.

Posição de recepção:

Sente-se na cadeira com a coluna reta.

Pise o chão com a planta dos pés.

Tire os sapatos, se quiser.

Vire as palmas das mãos para cima.

Descanse as mãos no tampo da mesa ou no colo, mas não deixe que fiquem sob o tampo da mesa.

Feche os olhos.

3) Respire fundo por três vezes. Inspire profundamente com a boca fechada. Segure. Abra a boca levemente. Expire vagarosamente pela boca. Repita a operação três vezes.

4) Relaxe a respiração. Respire normalmente. Concentre-se na sua respiração. Mantenha os olhos fechados.

5) Visualize um raio de luz branca penetrando pelo topo da sua cabeça. Deixe a luz branca inundar o seu corpo da cabeça aos pés.

6) Visualize uma pirâmide de luz branca envolvendo você.

7) Mantenha os olhos fechados. Concentre-se na luz branca preenchendo-o e circundando-o.

8) Você está pronto para fazer o seu primeiro desenho.

Desenhando com a mão que você usa menos

1) Mantenha os olhos fechados até que o desenho esteja completo.

2) Pouse sobre o bloco de rascunho a mão que você usa menos, com a palma virada para baixo.

3) Entre em contato com os seus sentimentos e com os seus pensamentos. Concentre-se.

4) Deixe os seus sentimentos e as suas idéias fluírem na página em branco, como pedras rolando numa cachoeira.

5) Quando sentir que está pronto, leva a mão até o recipiente com os lápis. Mantenha os olhos fechados.

6) Pegue um lápis ao acaso. Faça-o girar dentro da mão fechada. Deixe-o tocar a palma da mão e as pontas dos dedos. Sinta a energia desse lápis. Deixe-o cair. Pegue outro. Gire-o para trás e para a frente, dentro da mão fechada. Deixe-o de lado. Continue fazendo isso com os lápis até que um deles se adapte à sua mão. Esse é o lápis com o qual você desenhará.

7) Desenhe com os olhos fechados. Use a mão que você usa menos. Desenhe com o lápis enquanto ele estiver servindo bem. Quando não servir mais, deixe-o de lado.

8) Pegue outro lápis. Role-o para trás e para a frente na mão. Deixe-o cair. Pegue um lápis atrás do outro, até que um deles se adapte à sua mão. Continue desenhando.

9) Desenhe tanto quanto você quiser. Use quantos lápis quiser.

10) Se ouvir uma voz de censura atrás de você dizendo: "Já chega! Isso basta! É hora de parar!", ignore-a. Concentre-se apenas em como os lápis se adaptam à sua mão. É isso, e não os pensamentos críticos, que determina quando desenhar e quando parar de desenhar.

Quando você deve abrir os olhos?

Mesmo que nenhum lápis se adapte à sua mão, mantenha os olhos fechados por mais um tempo. Pouse as mãos no desenho, com as palmas para baixo. Movimente as mãos vagarosamente em círculos por todo o desenho. Sinta a energia do seu desenho.

Ainda de olhos fechados, pegue um lápis no recipiente de materiais, com a mão que você usa menos. Faça-o rolar dentro da mão fechada. Coloque-o de lado. Pegue outro. Toque e sinta um após o outro. Se ainda houver um lápis que se adapte bem à sua mão, é sinal de que o seu desenho não está pronto. Continue desenhando.

Apenas quando nenhum lápis se adaptar à sua mão é que o desenho estará completo. Então, é hora de abrir os olhos.

Como receber respostas

Depois de completar a meditação e o desenho, você está pronto para escrever e interpretar as respostas.

1) Quando o desenho estiver pronto, abra os olhos. Coloque uma caneta ou um lápis em cada uma das mãos. Escreva as suas perguntas ou os seus comentários com a mão que você usa mais, ou com a mão com a qual você escreve, e responda com a mão que você usa menos.

2) *Procure aceitar as suas primeiras impressões:* as primeiras palavras, as primeiras imagens, os primeiros sentimentos, emoções ou sensações, a primeira coisa que lhe ocorrer, até mesmo uma sensação de aperto no peito ou uma mudança súbita de humor! As primeiras impressões! Nada de análise! Se não lhe ocorrerem palavras, desenhe paisagens ou descreva as sensações corporais.

Como interpretar o seu desenho

1) *Coloque o desenho onde você possa vê-lo.* Apóie o desenho numa parede, numa cadeira ou numa estante de livros. Assim, ele fica totalmente visível antes de você escrever qualquer coisa.

2) *Coloque o seu diário bem à sua frente.* Segure uma caneta, um lápis ou outro objeto para escrever em cada mão.

3) *Escreva a data no alto da página.* Escreva perguntas com a mão que você usa mais (com a que você escreve normalmente). Responda com a mão que você usa menos (aquela com a qual você fez o desenho).

4) *Registre as suas primeiras impressões.* Responda a cada pergunta com as primeiras palavras, imagens, sensações físicas ou emoções que lhe ocorrerem.

5) Escreva perguntas com a mão que você escreve habitualmente. Responda com a mão que você fez o desenho. Converse com o desenho.

As duas primeiras perguntas a se fazer:

Você: Desenho, o que você está me dizendo?
Desenho: Resposta.
Você: Desenho, qual é seu nome?
Desenho: Resposta.

Dirija-se ao desenho pelo nome que ele lhe disse. *Nada de julgamentos!* Chame-o pelo nome dele.

Se você tiver dificuldades em obter respostas:

Registre as primeiras impressões, a imagem, a sensação física ou a emoção que obteve depois da pergunta. Anote a sua resposta com a mão que você usa menos.

Caso você ainda não consiga obter respostas, utilize estas técnicas complementares:

1) Escreva com a mão que você usa mais: "Por favor, escreva sua resposta em letra de fôrma. Não consigo ler a sua caligrafia." Então, escreva de novo a pergunta. Escreva a resposta em letra de fôrma.

2) Escreva com a mão que você usa mais: "Por favor, responda 'sim' ou 'não' à minha pergunta." Reescreva a pergunta. Escreva a resposta que você obtiver.

3) Escreva com a mão que você usa mais: "Por favor, digame a primeira letra da palavra que é a resposta à pergunta." Escreva essa letra. "Agora, a próxima letra dessa palavra." Anote-a. "Próxima letra?" Continue até que você tenha uma palavra ou palavras completas.

4) Tome nota de outras perguntas com a mão que você usa mais. Eis alguns exemplos:

"A primeira letra de seu nome é um 'R'?"

"Você quis dizer 'casa' ou 'quase'?"

"Você disse que ele é um 'bobo' ou um 'lobo'?"

Escreva as respostas com a mão que você usa menos.

5) Faça outras perguntas. Dê instruções simples. Exemplos:

"Você gosta do seu nome?"

"Você tem um apelido?"

"Escreva o seu nome com letras grandes."

Escreva as respostas com a mão que você usa menos.

Perguntas indefinidas × Perguntas investigativas

Uma pergunta indefinida é ampla. Freqüentemente, é onde você começa seu questionamento. As perguntas investigativas reduzem o campo de ação das questões indefinidas. Quanto mais específica uma resposta, mais você esquadrinhou. As respostas tipo "sim" e "não" são bons exemplos.

Eis alguns exemplos:

Pergunta indefinida: "Como você se sente a respeito do seu nome?"

Primeira pergunta investigativa: "Você tem outro nome que prefira usar?"

Próxima pergunta: "Por qual nome você gostaria que eu lhe chamasse?"

Próxima pergunta: "Você tem um apelido?"

Próxima pergunta: "Você gosta mais do seu apelido do que do seu nome?"

Como você sabe que está meditando?

O subconsciente está mais diretamente ligado ao seu eu psíquico ou intuitivo do que a mente consciente. A mente consciente analisa, raciocina e tenta entender as pessoas e os acontecimentos. O ato de analisar atrapalha a meditação.

Em contrapartida, o subconsciente tem apenas reações. Trata-se, literalmente, de um reservatório de pensamentos, de sentimentos e de experiências. É como um banco de dados de um grande computador e, como um computador, responde a comandos. Para meditar, você acalma o consciente ou a mente pensante e tem acesso ao banco de memória do subconsciente. O Eu Superior o ajudará. Quanto mais praticar, mais fácil será obter respostas.

Outros recursos

Utilize a livre associação. Escreva a primeira palavra que lhe vier. E a próxima palavra. E a próxima. Escreva uma sentença completa, as primeiras impressões. Se não lhe ocorrer palavras, desenhe cenas ou descreva emoções ou sensações físicas. Também são respostas. Se ajudar, feche os olhos depois de cada pergunta. Abra-os para escrever a resposta.

Pergunte ao seu desenho o significado das cores

Pergunte o que cada cor significa em seu desenho. Se você tiver mais de uma tonalidade de uma cor, pergunte ao desenho sobre cada uma delas. Escreva perguntas com a mão que você usa mais e as respostas com a que você usa menos. Exemplos:

Pergunta: O que significa o vermelho?
Resposta:
Pergunta: O que significa o verde?
Resposta:
Pergunta: O que significa o azul-claro?
Resposta:
Pergunta: O que significa o azul-escuro?
Resposta:

Pergunte ao seu desenho o que significa cada linha

Quando você tiver examinado todas as cores, pergunte o que cada uma das linhas e cada um dos detalhes do seu desenho representam. Escreva perguntas com a mão que você usa mais; as respostas, com a mão que você usa menos. Exemplos:

"O que significam os quadros?"
"O que significam os círculos?"
"Por que as linhas são horizontais?"
"Por que há círculos dentro dos quadros?"

"Por que há quadrados no pé da página?"
"Por que o alto da página está vazio?"
"Por que as linhas cruzam os círculos?"
"Por que os quadrados são entrecruzados?"

Relações entre as cores e as linhas

Depois de saber o significado de cada cor e de cada linha ou de outro detalhe, pergunte como as cores e as linhas estão ligadas umas às outras. Escreva a pergunta com a mão que você usa mais. Responda com a que você usa menos. Exemplos:

"Por que alguns círculos são marrons e outros verdes?"
"Por que os quadrados entrecruzados são pretos?"
"Que linhas se cruzam?"
"Por que o círculo vermelho está no canto?"
"Quem ou o que está sendo isolado?"
"Por que a linha verde forma um quadrado no lado direito?"
"Por que não há nenhum quadrado verde do lado esquerdo?"
"Quem está sendo encaixotado ou deixado de fora?"
"Quem está isolado ou separado?"
"É um cavalo ou um cachorro que está no telhado?"
"Aquela é a minha casa?"
"As figuras em azul representam a minha família?"
"Por que estão em cima das árvores?"
"Que montanhas ou colinas são aquelas?"
"Minha família está se mudando para as montanhas?"
"Qual é a história que está por trás desse desenho?"

Expresse os seus sentimentos para o seu desenho

Até agora, você esteve perguntando ao desenho (e indiretamente ao seu Eu Superior) o significado do seu conteúdo. Agora, deixe o desenho saber como você o sente e peça-lhe as respostas. Exemplo:

Você: "Não gosto da cor laranja. Incomoda-me o fato de a maior parte desse desenho ser laranja. Por que você fez isso?"

Desenho: "Prefiro o laranja ao vermelho. Se expressei raiva com o vermelho, você devia ter chamado a atenção para o aspecto desagradável do vermelho. De algum modo, os tons de laranja diminuem a raiva."

Você: "Eu estava pensando na discussão que tive com Jane quando fiz a meditação e o desenho desta noite. Me perturba o fato de você não ter-me dito nada sobre Jane ou sobre o que ela me disse."

Desenho: "Você pensa demais na Jane. Estou enjoado e cansado de ouvir falar nela. Não quero mais falar sobre ela."

Você: "Achei que o desenho tinha linhas azuis. Quando abri os olhos, vi linhas pretas entrelaçadas. Isso me incomodou. Estou com raiva, e nego que me sinto assim?"

Desenho: "Fico deprimido ao pensar nesse problema. Quero colocá-lo longe de mim. Já estou saturado."

Você: "Estou irritado com o fato de você ignorar Jane, evitar meu problema com ela e destruir minhas lindas flores. Por que faz isso?"

Desenho: "Para fazer você *ter consciência* da irritação que tem negado. Você está evitando o problema!"

Você: "Irritação sobre o quê?"

Desenho: "Quer dizer que ainda não sabe! Com certeza, você é muito ingênuo!"

Você: "Você fala comigo exatamente como meu pai, e não gosto disso. Pare!"

O padrão

Espero que suas respostas estejam começando a formar uma história ou um padrão. Se você não estiver bem certo, releia suas respostas para entender sobre o que foi a conversa.

Reler suas respostas lhe dará também idéias sobre como formular suas próprias perguntas. Pergunte ao desenho o que você quiser. Expresse seus sentimentos e opiniões como se estivesse conversando com outra pessoa. Exemplo:

Você: "Vejo que esse desenho é sobre a discussão que tive com meu filho, Johnny, hoje, no café da manhã. Acho que ele não sabe o que é responsabilidade. Fiz bem em não deixar que use o carro esta noite?"

Desenho: "Não, não acho, e penso que você está em conflito por causa disso também."

Você: "Não gosto das coisas que ele me disse. Se ele acha isso tão importante, por que ele não ganha dinheiro e compra seu próprio carro?"

Desenho: "Ele tinha o direito de pedir o carro, e você tinha o direito de negar-lhe. Por que não conversa com ele e oferece ajuda para que ele compre seu próprio carro?"

Você: "Ótima idéia! Realmente, sinto necessidade de me desculpar por ter gritado com ele."

Não fale para o seu desenho como se você fosse o pai e, ele, o filho. Fale com ele como se estivesse conversando com um amigo. Não diga apenas: "Oh, sei do que se trata o desenho." Pergunte-lhe o que ele significa e como ele se sente. Deixe que ele fale por si.

Quanto mais você praticar a meditação da luz branca, desenhando de olhos fechados, escrevendo com ambas as mãos e conversando com seus desenhos, mais à vontade você se sentirá com esses métodos. Aconselho você a praticar até que se sinta bem fazendo essas coisas. Elas são fáceis, na verdade, e constituem uma boa preparação para você ter acesso às vidas passadas, como veremos no próximo capítulo.

Um lembrete sobre o significado das cores

Há quatro tipos de significado com relação às cores dos seus desenhos. Eles refletem: os sete chakras do corpo, os sentidos esotéricos ou espirituais, os bloqueios ou resistências, e os sentidos particulares de cada desenho, que variam de um para o outro.

Os sete chakras físicos do corpo

7. Violeta	Alto da cabeça
6. Púrpura Real	Terceiro olho (testa ou glândula pineal)
5. Azul-claro	Garganta
4. Verde	Coração
3. Amarelo	Plexo solar
2. Laranja	Aparelho digestivo
1. Vermelho	Órgãos sexuais

Cor	*Sentido esotérico*	*Bloqueios*
Vermelho	Coragem ou energia	Raiva, intensidade, enfermidade
Laranja	Pioneirismo, entusiasmo	Impotência ou insegurança
Amarelo	Sabedoria e iluminação	Muito cerebral, emoções reprimidas
Verde	Cura	Falta de amor
Azul	Honestidade e integridade	Arredio, inexpressivo

Púrpura	Amor-próprio, autoconhecimento	Baixa auto-estima, medo do desconhecido e de fenômenos psíquicos
Violeta	Despertar espiritual	Medo da espiritualidade

Os significados próprios das cores variam de acordo com o modo como você se sente, com os bloqueios kármicos que você tem, com os progressos que você fez, com o significado de cada cor em vidas passadas e na presente, e com outros fatores. Confie na sua intuição sobre esses significados.

CAPÍTULO 18

Como manter um diário de vidas passadas

Neste capítulo, esquematizei diversos meios de se obter informação sobre suas vidas passadas, usando o Diário de Vidas Passadas.

Organize seus lápis, suas canetas e seu bloco de rascunho. Sente-se na "Posição de Recepção" e fique à vontade. Feche os olhos.

Respire três vezes, profundamente. Visualize a luz branca no seu corpo, da cabeça aos pés. Visualize uma pirâmide de luz branca à sua volta. Concentre-se nela.

Pense a respeito de uma situação da sua vida, algo que esteja acontecendo com você agora, um problema que você queira resolver, uma pessoa ou uma situação sobre a qual queira orientação.

Faça um desenho com a mão que você usa menos, seguindo as instruções do Capítulo 17.

Quando esse desenho estiver pronto, permaneça sentado com os olhos fechados. Concentre-se na luz branca dentro de você e à sua volta.

Agora, ao mesmo tempo que se mantém sereno e concentrado na luz branca, faça mentalmente a seguinte pergunta:

Qual vida passada está relacionada com o que está acontecendo agora comigo?

Concentre-se na luz branca, até se sentir pronto para desenhar. Faça um desenho usando as técnicas descritas no Capítulo 17. Quando o desenho estiver pronto, abra os olhos.

Esse segundo desenho representa as lembranças de uma vida passada. Faça perguntas a ele. Escreva perguntas com a mão que você usa mais e responda com a mão que você usa menos. Sugiro as seguintes perguntas ao desenho.

Para identificar uma vida passada

1. Qual vida passada está relacionada com a situação em que eu estava pensando?
2. Em que ano ocorreu o acontecimento relacionado com a vida passada?
3. Em qual país ou região ocorreu?
4. O que estava acontecendo então?
5. Qual era o meu nome naquela vida?

Cores e formas

1. Pergunte sobre o significado de cada cor no desenho. Exemplo: O que significa o vermelho?
2. Pergunte sobre o significado de cada linha, da forma e de outros detalhes do desenho. Exemplo: O que significa o círculo?
3. Pergunte sobre a relação entre as cores e as formas. Exemplo: Por que os círculos vermelhos estão dentro dos quadrados verdes?

Caso não se lembre de como deve formular essas perguntas, siga as instruções do Capítulo 17.

Para investigar sua ligação com a vida passada

1. Como esta lembrança de uma vida passada se liga à situação da vida atual em que eu estava pensando agora?

2. O que despertou essa lembrança da vida passada?

3. Havia uma pessoa, na vida passada, que eu conheça agora, nesta vida? Se há, quem ela é?

4. Que tipo de relacionamento tivemos na vida passada?

5. Qual situação da vida passada é semelhante à da vida atual?

6. O que é diferente do presente?

7. Que lição kármica aprendi nessa vida passada?

8. Que lição kármica deixei de aprender nessa vida?

9. Há alguma lição relacionada com essa vida passada que eu deva aprender agora?

10. Pode revelar-me o que aconteceu na vida passada?

11. Como a vida passada está me afetando nesta existência?

12. Faça qualquer outra pergunta que você quiser. Lembre-se de escrever as perguntas com a mão que você usa mais, e as respostas com a que usa menos.

Relacionamento de vidas passadas

Outro exercício do Diário de Vidas Passadas que você pode fazer é aperfeiçoar as perguntas que você elaborou no Capítulo 15, "Quem Você Era Quando nos Conhecemos Antes?" Acrescente às sensações que teve durante a meditação as seguintes perguntas:

1. Em quantas vidas conheci essa pessoa?

2. Pode descrever os lugares e a época em que conheci essa pessoa?

3. Qual era o nome dela em cada uma dessas vidas passadas?

4. Qual era o meu nome nessas existências anteriores?

5. Fomos parentes em alguma dessas vidas?

6. Fomos casados numa dessas vidas?

7. Fomos amigos ou colegas na vida passada?

8. Fomos inimigos numa vida passada? Nesse caso, quando? O que aconteceu?

9. Como nosso(s) relacionamento(s) de vida passada afeta nossa relação nesta vida?

10. Há alguma coisa que necessitemos fazer ou concluir juntos?

11. Há algo que eu ainda precise aprender para travar contato com ela de novo?

12. Há algo mais que eu deva saber sobre essa vida passada?

Quando os membros do grupo se conheceram antes

Um terceiro exercício do Diário de Vidas Passadas é descobrir quando você e seus amigos ou os membros de seu grupo de estudo se conheceram antes.

Arrume algumas mesas. Todos devem se sentar em volta, formando um círculo. Certifique-se de que todo mundo tenha lápis, caneta e blocos de rascunho. Faça as meditações da luz branca e do Eu Superior no jardim. Cada um dos membros deve, então, fazer o seu desenho e escrever para si mesmo.

Quando todos tiverem escrito e desenhado, mostrem uns aos outros os resultados. Comparem as anotações. É comum que a maioria dos membros do grupo tenha estado junto em pelo menos uma vida passada. É possível também que algumas pessoas tenham se encontrado em outras vidas sem ter, no entanto, participado do grupo como um todo.

Um atalho

Quanto mais você usar o Diário de Vidas Passadas, mais rápido virão as respostas. Depois que você estiver bem familiarizado com esses exercícios, se quiser pode deixar de fazer o desenho desta vida, que mencionei na página 127. Faça a meditação da luz branca e, então, passe direto ao desenho de uma vida passada. Faça perguntas da vida passada ao desenho. Trata-se de um atalho para obter informações da existência anterior.

Independentemente da experiência que você já tenha adquirido, sempre pratique a respiração profunda e a meditação da luz branca antes de começar o Diário de Vidas Passadas. Isso "abre o circuito elétrico" para o seu Eu Superior, liga você com as dimensões mais elevadas e o protege psiquicamente.

O perdão

O meu curso sobre o Diário de Meditação e de Vidas Passadas, que durou dois anos, acabou de uma forma maravilhosamente positiva. No último mês do curso, três alunos de uma outra classe que se dispersou passaram a participar das aulas do nosso grupo.

A primeira noite em que os grupos estiveram juntos, vi a hostilidade no rosto de duas pessoas (uma de cada grupo) que não tinham se encontrado antes da aula daquela noite. Coincidentemente, aconteceu de se sentarem lado a lado.

Nesse exercício, perguntei: *Quando todos nós nos conhecemos numa vida passada?*

Dois terços da classe, desenhando e escrevendo individualmente, obtiveram a seguinte resposta: Os novos membros da classe tinham invadido o país dos outros alunos numa vida passada na Idade Média, na Escandinávia. As duas pessoas que tinham sido hostis uma com a outra haviam sido líderes de seus respectivos exércitos. Os invasores perderam a batalha e retiraram-se.

Os dois que tinham se encarado com raiva esperaram até que os outros saíssem. Então, abraçaram-se e perdoaram-se mutuamente pelas atrocidades da vida passada.

O líder dos "invasores" mudou de horário na semana seguinte e teve de deixar a classe. Permaneceu no nosso grupo apenas o suficiente para curar as feridas da vida passada com relação àqueles cujo país ele combatera havia várias centenas de anos.

Padrões kármicos

Quanto mais vidas passadas você investigar, mais começará a ver padrões que unem essas vidas.

Quando você questiona se uma situação ou alguém está ligado a uma vida passada, você provavelmente acaba descobrindo várias ligações.

Reserve algum tempo para fazer um gráfico ou mapa, alinhando todas as vidas passadas cronologicamente. Procure os fatores-chave ou padrões que cada uma dessas vidas têm em comum. Observe o progresso gradual dessas vidas e o seu padrão.

Inclua a vida presente nessa cronologia. Isso o ajuda a observar como você aprendeu as lições kármicas nessas vidas passadas, e a observar as lições que ainda não aprendeu.

Exemplo:

Vida passada nº 1: Padre católico durante a Idade Média que não confiava no mundo e que escolheu levar uma vida de silêncio num mosteiro.

Vida passada nº 2: Padre católico, numa outra existência, algumas centenas de anos depois, que viveu num mosteiro, mas que costumava viajar para outra cidade a serviço da paróquia.

Vida passada nº 3: Padre católico que viveu no mundo e que passou a maior parte do tempo atendendo as necessidades de quem quer que encontrasse em seu caminho.

Como identificar os padrões

1. Assuma os riscos e aventure-se pelo mundo.
2. Aprenda a confiar no mundo em vez de ter medo dele.
3. Preste serviços a qualquer comunidade que precise de ajuda.
4. Aprenda a ter fé e a ser tolerante.
5. Desenvolva o sentimento da compaixão, do amor e da identidade espiritual.

Como os desafios da vida passada podem estar ligados às lições que estão sendo aprendidas nesta existência?

1. A pessoa pode ter nascido numa pequena cidade tranqüila e mudado para uma cidade grande e violenta.
2. A pessoa estudou muitas religiões para desenvolver as crenças espirituais e a tolerância.
3. A pessoa surpreende os amigos com conhecimentos profundos acerca do ritual e da história da Igreja Católica.
4. Lição principal: amor e compaixão.
5. O serviço ao próximo também pode representar "uma penitência" ou ser o pagamento de débitos kármicos da vida passada, como o guerreiro que matou muitas pessoas.

Normas de relacionamentos

Quando você fez a meditação para saber "quando você conheceu alguém antes", talvez tenha descoberto que esteve com a mesma pessoa em diversas vidas passadas. Investigue uma de cada vez. Alinhe-as cronologicamente. Quantos tipos diferentes de relacionamento você teve antes com essa pessoa? Observe as semelhanças e as diferenças com relação à vida presente.

Exemplo: Em 1979, encontrei um homem que, agora sei, conheci numa vida passada em que éramos índios americanos. No século XVI, fomos casados na Espanha. Em Roma, fui do sexo masculino. O padrão: sempre fui o crente; ele, o cético. O mesmo acontece hoje, com a exceção de que ele aprendeu a escutar!

Mais exercícios do Diário de Vidas Passadas
O passado que se desdobra no presente

Primeiro desenho: Destaque uma folha do bloco de rascunho. Dobre-a à vontade, quantas vezes quiser. Feche os olhos. Faça a meditação da luz branca. Com a mão que usa menos, escolha um lápis. Desenhe na face externa do papel dobrado. Desenhe em um ou em ambos os lados, mas *não* desdobre o papel. Use qualquer lápis que você desejar. Desenhe até sentir que o desenho está terminado. Esse desenho é sobre o presente.

Segundo desenho: Desdobre o papel. Alise-o. Desenhe em um lado ou nos dois. Não tem importância se desenhar em cima do primeiro desenho. Essa é uma forma de "purgar" a vida passada. Mantenha os olhos fechados quando pegar os lápis. Desenhe com a mão que você usa menos até ficar cansado. Essa é a vida passada ligada à presente.

Escrita: Com uma caneta em cada mão, escreva perguntas com a mão que você usa mais; as respostas, com a mão que você usa menos. Para obter informações sobre a vida passada, converse com o segundo desenho. Use as perguntas do Capítulo 18.

Você está curioso para saber qual o significado do desenho da vida presente? Dialogue com ele também. Não está bem certo de como estão relacionadas as vidas passadas e o presente? Peça ao desenho da vida passada para responder perguntas sobre a presente, e vice-versa.

Exemplo de diálogo:

Você: "O Desenho da Vida Passada diz que eu não tenho nenhuma compaixão, e é por isso que não há vermelho no meu desenho. Você concorda?"

Presente: "O passado sempre discorda de mim. Nunca deixa você sentir."

Você: "Passado, o Presente diz que você não me deixa sentir. Isso é verdade? Como assim?"

Passado: "O Presente é sentimental demais. Na minha existência, você sabia se controlar. Nada desses melindres como agora!"

Você: "Presente, o Passado diz que você é sentimental demais e melindroso. O que tem a dizer sobre isso?"

Presente: "Sua lição nesta vida é sentir e expressar os seus sentimentos. Você não aprendeu isso nas outras vidas. Assim, o Passado é o que se nega a fazer isso."

Você: "Presente, por que não há vermelho no meu desenho? Como a falta do vermelho está relacionada com esse problema?"

Presente: "É a sua raiva reprimida. Se a fúria fosse expressa, o vermelho seria o destaque no desenho."

Você: "Presente, sobre o que era a raiva?"

Presente: "Pergunte à Vida Passada."

Você: "Você não tem nenhuma opinião?"

Presente: "Está bem! Acho que você ficava irritado porque não lhe era permitido ser você mesmo. Você resolveu não deixar que isso acontecesse de novo em outra existência."

Você: "Vida Passada, a Vida Presente está certa ao dizer-me que eu reprimi minha raiva e que esse é o motivo por que não desenhei com o vermelho?"

Passado: "Não, claro que não! A Vida Presente não sabe como eram as coisas, então! Você tinha de agir como homem! Nada dessas 'frescuras' típicas de um maricas, como choradeira e crises de nervos. Não era hora disso!"

Você: "Passado, o que você me diz faz com que eu me sinta triste e com medo. Para mim, é difícil aceitar o caráter rude e intratável, como de um homem do Velho Oeste. Você pode me ajudar a integrar o Passado no Presente?"

Passado: "Eu não sei como. Pergunte ao Presente."

Presente: "Eu o ajudarei. Isso é o que você e eu concordamos em fazer desta vez."

A passagem pelo portal do tempo

Às vezes, é importante encontrar uma data, um lugar ou uma pessoa específica. Você pode querer descobrir quando e onde um fato aconteceu e quem estava envolvido.

Comece com a meditação da luz branca. Então, mentalize a seguinte pergunta: "Como eu me vejo agora?"

A seguir, faça um desenho com a mão que você usa menos. Use os métodos descritos no Capítulo 17.

Quando o desenho estiver concluído, volte à folha de papel em branco no seu bloco de rascunho. Feche os olhos. Deixe de lado os lápis e as canetas. Imagine a folha de papel branco à sua frente. Imagine-se sendo levado para o meio da folha de papel. Respire profundamente. Concentre-se no papel. Seu Eu Superior fará o resto para você.

Quanto mais tempo você se concentrar no papel branco, com os olhos fechados, mais se sentirá relaxado. Agora, "entre" no papel como se atravessasse um portal. Relaxe. Volte no tempo, a uma vida passada. Visualize a luz branca ao seu redor.

Peça ao Eu Superior para levá-lo a um ano ou a um lugar específico. Faça uma pergunta específica.

Exemplos: Quem fui eu em 1850? Fui um homem do Velho Oeste?

Faça perguntas. Fique em silêncio. Concentre-se na luz branca e na folha de papel em branco. As respostas se cristalizam na sua mente. O seu Eu Superior está fazendo o trabalho por você.

Quando você tiver obtido todas as respostas possíveis, abra os olhos. Transcreva suas respostas para o "Diário". Faça uma descrição pormenorizada de todas as informações que recebeu. Para obter mais informações, use as perguntas do "Diário de Vidas Passadas" relacionadas no Capítulo 18.

O futuro

Muitas pessoas têm-me perguntado se podem aprender a prever o futuro. Minha resposta é "sim". Se você quiser tentar, use os mesmos exercícios que você acaba de fazer, mas mude o foco. Em vez de perguntar por uma vida passada ligada a uma situação atual, pergunte sobre um acontecimento futuro (ou do futuro desta vida ou de uma vida futura).

Ponha uma folha de papel em branco à sua frente. Feche os olhos. Faça a meditação da luz branca. Concentre-se no papel. Use o papel como um portal para o futuro. Faça uma pergunta. Fique em silêncio. Deixe que o Eu Superior o leve pelo portal rumo ao futuro. Visualize a luz branca ao seu redor o tempo todo.

Quando chegar onde quer que você esteja indo, peça ao Eu Superior para responder suas perguntas: Quando? Onde? Quem é você? Como você está vestido? O que você está fazendo? Por que esta vida futura se manifestou? Como ela está ligada com a vida presente? Faça qualquer outra pergunta que você quiser. Quando terminar, abra os olhos. Retorne ao ambiente em que está.

Quando estiver de olhos abertos, pegue uma caneta ou um lápis em cada mão. Escreva, desenhe ou faça as duas coisas. Reproduza a informação que você conseguir nesta meditação.

O tempo é mutável. Tempo simultâneo significa que tudo está acontecendo *agora*. Passado, presente e futuro são todos os aspectos do *agora*. Esse exercício é uma boa oportunidade para sentir esse "eterno agora".

Ponha em ordem cronológica suas lembranças passadas, presentes e futuras. Observe como estão relacionadas umas com as outras. Quais as semelhanças que apresentam? Quais as diferenças? Por que surgiram hoje? Entre no seu jardim. Peça ao seu Eu Superior para ajudá-lo a compreender os padrões que unem essas vidas. Anote suas respostas com a mão que você usa menos.

De um ponto de vista linear, isso é uma sucessão de fatos e de lições. Em cada existência, você vai "desbastando" os desafios kármicos. Contudo, seu Eu Superior tem uma visão do todo, a partir de uma dimensão mais elevada. Ele olha para trás ou para baixo (por assim dizer) para examinar a terceira dimensão onde você se encontra fisicamente.

O que chamo de "Eu Superior", alguns definem como "Alma Superior". Da perspectiva do Eu Superior, *o tempo não é linear* e a Consciência Superior está disponível a qualquer um que esteja "sintonizado". Seja qual for o nome que você o chame, ele interpreta e integra informações, experiências e eventos. Ele dá sentido àquilo que de outra maneira se parece com o acaso, atos isolados de várias vidas.

O "tempo simultâneo" ou o "eterno agora" é a quarta ou até mesmo a quinta dimensão escoando pela terceira dimensão. Quando você entra no jardim e pede orientação ao seu Eu Superior, você se liga com a energia das dimensões superiores. Isso torna as introvisões possíveis na terceira dimensão, e acelera a evolução espiritual.

O mural do grupo

Se você e os outros membros de seu grupo de estudo querem fazer juntos uma meditação de vida passada, sugiro que façam um mural para o grupo.

Coloque uma mesa bem grande no meio de uma sala ou junte várias mesas. Cubra toda a superfície delas com papel de desenho. Você pode comprá-lo em rolos em lojas de material de desenho. Se preferir, cole papéis do bloco de rascunho com fita adesiva. Vire o papel de modo que o lado que contenha as fitas adesivas fique para baixo. Isso lhe proporciona uma superfície clara para desenhar.

Ponha lápis ou papéis em pequenas caixas ao redor da mesa, ou tire-os das suas caixas. Deixe o material ao alcance de todos. Isso facilita a execução do desenho.

Peça para que o grupo se acomode em volta da mesa. Façam em grupo a meditação da luz branca. Durante a meditação, uma pessoa pode se expressar em voz alta, enquanto as demais se mantêm em silêncio. Concentre-se, imaginando uma vida passada em que todo mundo se conhecia. Se você já sabe de uma vida passada em que todos conviveram, você pode sugerir que todos investiguem essa vida juntos.

Quando todos estiverem prontos, todos devem começar a desenhar ao mesmo tempo, ao redor da mesa. As pessoas podem andar em torno da mesa quando quiserem. Podem desenhar em qualquer lugar, a qualquer hora. Podem usar o lápis que quiser e quando quiser. Todo mundo desenha com a mão que usa menos e continua a desenhar até que sintam que o desenho está pronto. Visualize a luz branca ao seu redor e ao redor do grupo o tempo todo.

Então, cada um se senta sozinho para escrever, anotando as perguntas no Diário com a mão que usa mais, e as respostas com a mão que usa menos. Podem usar as perguntas dos Capítulos 17 e 18.

Se alguém quiser se levantar e andar, para observar algum detalhe do desenho, tudo bem. Deixe todo mundo escrever até cada um terminar. Tenha lenços de papel à mão. Esses exercícios podem despertar sentimentos profundos. Não impeça que as pessoas saiam da sala se quiserem ficar a sós por algum tempo. Tenha refrescos à disposição. O alimento ajuda a "aterrar a energia" depois da meditação.

Quando todos tiverem terminado de escrever, é hora de partilhar a experiência. Peça a um voluntário que se levante e descreva o que desenhou e revele o que escreveu. Nunca force ninguém que não queira falar.

Peça às pessoas para que façam comentários sobre os exercícios. Algumas pessoas ficam agressivas e desenham em cima dos desenhos das outras. Alguns sentem que têm de pedir permissão aos outros para, por exemplo, saber onde devem desenhar. Alguns ficam irritados com o comportamento dos outros. As dinâmicas de grupo ou individuais podem refletir relacionamentos de vida passada assim como problemas pessoais desta existência.

O fato de os membros do grupo falarem abertamente sobre como se sentem e analisarem o que os aborrece, freqüentemente faz com que se aproximem mais uns dos outros. Deixe que as pessoas falem sobre o que sentiram enquanto faziam o mural. Deixe-as também conversar sobre as introvisões sobre a vida passada que desenharam. Essa é uma boa hora para se observar como interagem o passado e o presente.

Se alguém desenhou o que quis e não demonstrou nenhum interesse pelo sentimento dos outros, seria saudável para quem se sentiu ofendido estabelecer limites e expressar seus sentimentos em voz alta.

Observe também como isso afetou a expressão do conhecimento da vida passada ou como a informação da existência anterior foi projetada sobre a dinâmica do presente.

Exemplo:

Você: "Eu fiquei chateado por você desenhar sempre em cima do meu desenho. Senti que você estava fazendo isso de propósito, e fiquei ofendido com o seu comportamento grosseiro."

O Outro: "Na vida passada, fui soldado no exército do país que você invadiu. Fiquei furioso com você por invadir violenta e repentinamente minha pátria e destruir tudo."

Você: "Entendo como você se sente. Estou pedindo-lhe que compreenda como eu me sinto. Sinto raiva por nunca ter podido me expressar sem que você interfira."

O Outro: "Acho que é hora de perdoarmos um ao outro."

Você: "Não até que você peça desculpas."

Vocês podem usar os exercícios do mural do grupo para saber como o grupo estará ligado no futuro. Procurem descobrir como o padrão passado/presente está sendo projetado no futuro. Se houver conflito, identifiquem o padrão e investiguem quais as mudanças que o grupo sente necessidade de fazer. Se todos do grupo têm impressões sobre coisas que devem fazer juntos, compartilhem as introvisões e pensem numa forma de complementá-las.

Conclusão

Processos experimentais, tais como as meditações citadas neste livro, são positivos, benéficos, divertidos e instrutivos. Entretanto, o estado de meditação também pode trazer à consciência lembranças recalcadas de grande sofrimento, que podem ser desagradáveis, causar ansiedade ou trazer à tona sentimentos não-resolvidos acerca da experiência.

Mesmo que a pessoa receba a proteção psíquica da luz branca e do Eu Superior durante a meditação, ainda assim é possível que ela se aborreça, se assuste, volte a sentir emoções relacionadas com outras vidas ou lembre-se de acontecimentos traumáticos esquecidos há muito tempo.

Se isso acontecer com você ou com alguém que você conheça, aconselho que procure orientação terapêutica.

Se você quiser receber uma lista com telefones de terapeutas de vida passada e de outros profissionais da saúde, na sua região, você pode solicitá-la à Association for Past Life Research and Therapies (APRT):

Association for Past Life Research
and Therapies (APRT)
P.O. Box 20151, Riverside, CA 92516
Fone: (909) 784-1570
Fax (909) 784-8440

A APRT é uma entidade educacional sem fins lucrativos, fundada em 1980. Ela conta com terapeutas licenciados e com pessoas interessadas em saber mais sobre vidas passadas e em desenvolver-se nas técnicas da terapia de vida passada.

Não sou psicoterapeuta licenciada. Dou aulas sobre reencarnação, metafísica e astrologia. Escrevi e publiquei cinco livros (inclusive este) desde 1986. Até março de 1994, fiz 3.200 sessões individuais de regressão a vidas passadas e dei aulas teóricas sobre reencarnação e seminários para mais de 14 mil pessoas, em quatorze anos. Também sou filiada à APRT desde 1981. Em outubro de 1993, tornei-me presidente dessa entidade.

Acredito que a investigação em torno de vidas passadas é um instrumento útil para a cura e para o desenvolvimento pessoal, e tenho visto resultados bastante positivos. Ao mesmo tempo, não creio que essa técnica seja apropriada para todo mundo, e advirto-o para que não espere curas milagrosas, da noite para o dia, para problemas graves.

Se, no momento, você estiver em tratamento terapêutico, ou se estiver pensando em fazê-lo, procure fazer o trabalho de vidas passadas em conjunto com outras modalidades de cura (tradicionais ou não-tradicionais). Sempre digo que o que mais me atrai no trabalho com vidas passadas é a constatação de quantas pessoas ele tem ajudado. Para mim, isso é essencial.

Dê atenção a seus próprios sentimentos, ao seu guia interior, ao modo como ele se sente com relação a você. Se você quiser dedicar-se ao trabalho com vidas passadas, tenho o prazer de recomendar que entre em contato com a APRT e peça informações.

Enquanto isso, agradeço-lhe por ler este livro e, espero, por fazer algumas das meditações que ele traz.

Bibliografia

Alexander, Thea. *2150* (Warner Books, 1971).

Binder, Bettye B. *Meditative and Past Life Journal* (Reincarnation Books/Tapes, 1987). *Past Life Regression Guidebook* (5ª edição, 1994) (Reincarnation Books/Tapes, 1986). *Past Lives, Present Karma Workbook* (2ª edição, 1993) (Reincarnation Books/Tapes, 1986).

Brown, Rick. *The Reincarnation of James, The Submarine Man* (Transcriptions Ultimate, Glendora, CA, 1994).

Cannon, Dolores. *Conversations with Nostradamus, His Prophecies Explained.* Vol. 1, 1975; Vol. 2, 1990 (Rev., 1992); Vol. 3, 1992 (Ozark Publishing Co.). *Keepers of the Garden* (Ozark Publishing, 1993). *Jesus and the Essenes* (Gateway, 1992).

Clow, Barbara Hand. *Eye of the Centaur* (Llewellyn, 1986).

Cranston, Sylvia e Williams, Carey. *Reincarnation: A New Horizon in Science, Religion and Society* (Julian Press, 1984. Reedição, 1994).

Devlin, Mary. *Astrology and Past Lives* (Para Research Inc., 1987).

Eadie, Betty J. *Embraced by the Light* (Gold Leaf Press, 1992).

Finkelstein, Adrian, M. D. *Your Past Lives and the Healing Process, A Psychiatrist Looks at Reincarnation and Spiritual Healing* (Coleman Publ., 1985).

Fiore, Edith, Ph.D. *The Unquiet Dead* (Ballantine Books, 1987). *You Have Been Here Before* (1981). *Encounters* (1989). [*Possessão Espiritual*, publicado pela Editora Pensamento, São Paulo, 1990.]

Guirdham, Arthur. *Cathars and Reincarnation* (Theosophical Publ. House, 1978). [*Os Cátaros e a Reencarnação*, publicado pela Editora Pensamento, São Paulo, 1992.]

Head, Joseph e Cranston, Sylvia L. *Reincarnation: The Phoenix Fire Mystery* (Warner Books, 1979).

Hodgson, Joan. *Reincarnation Through the Zodiac* (CRCS Publ., 1978).

Hopkins, Budd. *Missing Time* (Richard Marek, 1981). *Intruders* (Random House, 1987).

Joy, W. Brugh, M. D. *Joy's Way, The Transformational Journey* (J.B. Tarcher, 1979).

Klüber-Ross, Elisabeth, M. D. *On Death and Dying* (MacMillan, 1969).

Lucas, Winafred Blake, Ph.D. *Regression Therapy. A Handbook for Professionals* (Deep Forest Press, Crest Park, CA, 1993).

MacLaine, Shirley. *Out on a Limb* (Bantam Books, 1983; 14ª reedição, abril de 1984).

MacGregor, John Geddes. *Reincarnation in Christianity* (Ingram, 1978).

Marciniak, Barbara. *Bringers of the Dawn, Teachings from the Pleiadians* (Bear & Company, 1992).

McClain, Florence Wagner. *A Practical Guide to Past Life Regression* (Llewellyn, 1986).

Moody, Raymond, A. Jr., M. D. *Life After Life* (Bantam Books, 1985). *Reflections on Life After Life* (Bantam, 1988). *The Light Beyond* (Bantam, 1988).

Montgomery, Ruth. *Aliens Among Us* (Ballantine Books, 1985). *Strangers Among Us* (Ballantine Books, 1979).

Morton, Sean David. *The Millenium Factor* (Delphi Assocs., 1992). "Delphi Associates Newsletter" (2207 Hermosa Ave., Hermosa Beach, CA 90254).

Oppenheim, Garrett, Ph.D. *Who Were You Before You Were You? The Casebook of a Past-Life Therapist* (Carlton Press, 1990).

Redfield, James. *The Celestine Prophecy* (Satori Publ., 1993).

Rieder, Marge, Ph.D. *Mission to Millboro* (Blue Dolphin Publ., Inc., 2ª edição, 1993).

Roberts, Jane. *The Seth Material* (Prentice-Hall, 1970).

Saraydarian, Torkom. *The Legend of Shamballa* (Aquarian Education Group, 1976).

Scallion, Gordon Michael, org. "The Earth Changes Report", (Matrix Institute, P.O. Box 87. Westmoreland, NH 03467).

Shulman, Martin. *The Moon's Nodes and Reincarnation*. Vol. 1 (Samuel Weiser, 1981).

Sitchin, Zacharia. *The Twelve Planet. Earth Chronicles. When Time Began* (Avon Books, 1993).

Snow, Chet, Ph.D. com Wambaugh, Helen, Ph.D. *Mass Dreams of the Future* (McGraw-Hill, 1989; reeditado em brochura pela Deep Forest Press, Crest Park, CA, 1993).

Stearn, Jess. *Soul Mates* (Bantam Books, 1979).

Steiger, Brad e Francie. *The Star People* (Berkley Books, 1981).

Stevenson, Ian, Ph.D. *Twenty Cases Suggestive of Reincarnation* (University of Virginia Press, 1980).

Sutphen, Dick. *Past Lives, Future Loves* (Pocket Books, 1978). *Predestined Loves* (1988). *You Were Born Again To Be Together* (1978).

Sutphen, Tara. *Blame It On Your Past Lives.*

Talbot, Michael. *Your Past Lives. A Reincarnation Handbook* (Fawcett Press, 1987).

Wambaugh, Helen, Ph.D. *Life Before Life* (Bantam Books, 1979). *Reliving Past Lives: The Evidence Under Hypnosis* (Harper & Row, 1978; Bantam Books, 1979).

Weiss, Brian, M. D. *Many Lives, Many Masters* (Simon & Schuster, 1988). *Through Time Into Healing* (Simon & Schuster, 1992).

White, John. *Pole Shift* (ARE Press).

Whitton, Joel L. M. D., Ph.D. e Fisher, Joe. *Life Between Life* (Warner, 1986). *The Case of Reincarnation* (Bantam, 1984). [*Vida/Transição/Vida*, publicado pela Editora Pensamento, São Paulo, 1991.]

Williston, Glenn e Johnstone, Judith. *Soul Search: Spiritual Growth Through Knowledge of Past Lifetimes* (Aquarian, 1983).

Harpas Eternas

Josefa Rosalía Luque Alvarez
(Hilarião de Monte Nebo)

Harpas Eternas é o mais fiel relato sobre a vida do Profeta Nazareno, resultado de mais de vinte anos de pesquisa nos centros culturais da Palestina, da Síria, da Grécia, de Alexandria, de Damasco, de Antioquia e da Ásia Menor, completados pelas informações obtidas nos antigos arquivos essênios de Moab e do Líbano e nas Escolas de Sabedoria fundadas pelos mais ilustres sábios do Oriente.

É a história de Jesus de Nazaré narrada com impressionante riqueza de detalhes sobre todas as etapas da sua vida, detendo-se mais particularmente nos seguintes aspectos:

- As circunstâncias astrológicas em que se deu o seu nascimento.
- A infância em Nazaré na companhia de Maria, de José e de seus meio-irmãos.
- Sua iniciação e educação entre os essênios.
- A juventude e as viagens que fez aos centros culturais mais importantes do seu tempo.
- O quadro social e histórico em que realizou seus milagres.
- A repercussão de seus ensinamentos no ambiente político e religioso da Judéia.
- As convicções que seus contemporâneos tinham acerca de sua missão como o Messias.
- Os incidentes que resultaram na sua condenação à morte.
- Sua ressurreição e ascensão ao céu.

A grandeza do Mestre Nazareno não está fundamentada apenas no seu martírio, mas em toda a sua vida, prova grandiosa e convincente da sua doutrina, que ele construiu sobre estas duas vigas mestras: a paternidade de Deus e a fraternidade entre os homens.

Toda a sua existência foi um vivo reflexo dessas duas verdades incontestáveis, resumo de todo o seu ensinamento, que sempre transmitia a convicção profunda de que só elas podem levar a humanidade à sua perfeição e felicidade: sentir Deus como Pai é amá-Lo sobre todas as coisas; sentir-nos irmãos de todos os homens é trazer o céu à terra.

Harpas Eternas é uma obra de interesse geral pois, na expressão do psicólogo suíço C. G. Jung, queiramos ou não, somos todos cristãos.

* * *

Esta é uma obra editada em quatro volumes que podem ser adquiridos separadamente.

EDITORA PENSAMENTO

CUMES E PLANÍCIES
Os Amigos de Jesus

Josefa Rosalía Luque Alvarez
(*Hilarião de Monte Nebo*)

Harpas Eternas, a narrativa da vida terrena do Messias, que a Editora Pensamento publicou em 4 volumes, termina às margens do lago de Tiberíades, quando Jesus faz suas últimas recomendações aos seus amigos e, principalmente, aos Apóstolos, que o seguiam mais de perto.

Mas, como bem lembra o prefácio de *Cumes e Planícies*, a história não termina aí e, por múltiplas razões que seria fastidioso enumerar, os que amam o Mestre Nazareno ignoram por completo a história dos continuadores da magna obra de redenção e amor iniciada e anunciada por Jesus.

Cumes e Planícies preenche essa lacuna retomando a narrativa desde a reunião dos Apóstolos em Jerusalém, por ocasião da festa de Pentecostes, e refazendo seus itinerários pelas principais regiões e civilizações do Mundo Antigo, acompanha-os em seu trabalho de evangelização, narrando-lhes as peripécias, as vitórias e o martírio.

As várias histórias que se entrelaçam neste livro são sempre muito ricas em detalhes e, como em *Harpas Eternas*, não se limitam a focalizar os personagens principais – os Apóstolos Pedro, Tiago, João, André, Felipe, Tomé, Bartolomeu e Mateus, Tiago, filho de Alfeu, Simão Zelote, Judas, filho de Tiago, e Matias, eleito para ocupar o lugar de Judas Iscariotes. Este, surpreendentemente, não tem o fim de que falam os Evangelhos, mas recebe o perdão pelo gesto ignóbil que levou o Messias ao Calvário e que lhe valeu a alcunha de Judas, o Traidor.

A história começa quando todos – discípulos, amigos e colaboradores do Mestre, tendo à frente os Apóstolos – , reunidos em torno de Maria, Mãe de Jesus, decidem separar-se para obedecer ao mandado do Messias: "Ide por todo o mundo, proclamai a Boa Nova a todas as criaturas."

EDITORA PENSAMENTO

ÍSIS SEM VÉU

Helena P. Blavatsky

Há mais de um século foi publicada em Nova York a primeira edição desta obra monumental de Helena Petrovna Blavatsky (1831-1891) que há mais de um século vem despertando o interesse de todos quantos se ocupam em conhecer a evolução e a história do pensamento humano.

Participando da então nascente onda de interesse pelo oculto, em grande parte provocado por artigos e ensaios da própria Blavatsky, *Ísis sem véu* causou um forte impacto no dia mesmo do seu aparecimento. Foi algo semelhante a uma explosão cujas repercuções sacudiram muitas opiniões firmadas, dogmas estabelecidos e crenças materializadas em toda a extensão do pensamento em voga, então dominado por um clima em que a negação científica de toda espiritualidade, a pretensão farisaica das religiões organizadas, a respeitabilidade artificial dos costumes sociais e a esterilidade da especulação intelectual apresentavam dificuldades que os homens de hoje não poderiam compreender facilmente. A própria existência de um conhecimento oculto, de homens aperfeiçoados e iniciados, dos poderes latentes do ser humano e de um caminho secreto que leva à obtenção desse conhecimento era praticamente ignorada, exceto entre alguns raros indivíduos que conservavam para si o que conheciam e se mantinham no anonimato.

Ao enfrentar os preconceitos de sua época publicando livros nos quais, principalmente em *Ísis sem véu* e em *A doutrina secreta*, não deixou escapar de seu exame minucioso nenhuma forma de culto, nenhuma fé religiosa, nenhuma hipótese científica, Helena Blavatsky tornou-se uma das figuras mais notáveis das últimas décadas do século XIX.

Traduzida agora para o português na íntegra de seu texto original, a presente edição de *Ísis sem véu* é apresentada em quatro volumes: o 1º e o 2º, sob o título geral de *Ciência*; o 3º e o 4º, sob o título geral de *Teologia*. Naturalmente, sob essa denominação desfila uma rica galeria de temas que mal cabem na enumeração sucinta de um sumário.

Com a publicação de *Ísis sem véu*, a Editora Pensamento, que já conta em seu catálogo com algumas das obras mais importantes da autora, põe ao alcance do leitor de língua portuguesa o principal da obra dessa mulher excepcional, que brilhou com intensidade única entre as maiores inteligências de sua época.

EDITORA PENSAMENTO

AS VÁRIAS VIDAS DA ALMA – Um Psicoterapeuta Junguiano Descobre as Vidas Passadas

Roger J. Woolger, Ph.D.

Neste fascinante e provocante livro, o dr. Roger Woolger, analista junguiano formado pela Universidade de Oxford, examina a emergente psicologia da reencarnação e o impressionante poder terapêutico da regressão a vidas passadas.

As Várias Vidas da Alma revela uma nova técnica psicoterapêutica que produz resultados emocionais e psíquicos surpreendentemente benéficos — quer você acredite na reencarnação literalmente ou como um fenômeno simbólico.

Recorrendo às descobertas da ciência ocidental e aos ensinamentos espirituais do Oriente, o dr. Woolger mostra como os pacientes desvendaram os segredos de suas recordações mais íntimas — os ciclos freqüentemente autodestrutivos que se repetem uma vida depois da outra — para superar a insegurança, a depressão, a culpa, a inibição, o desajuste familiar que eles herdaram de vidas passadas.

Lúcido e convincente relato de uma técnica terapêutica revolucionária, *As Várias Vidas da Alma* oferece um caminho alternativo para o auto-aperfeiçoamento e o esclarecimento pessoal, voltado para a dimensão da mente, do corpo e do espírito de cada pessoa na sua totalidade.

EDITORA CULTRIX

O HÁBITO DA ORAÇÃO E A LEI DO KARMA

Alvin Boyd Kuhn, Ph. D.

Analisando a oração de acordo com sua definição mais comum de "pedido de coisas boas a um poder cósmico concebido como doador dos bens que o homem deseja" e ligando a motivação psicológica da oração à infância da humanidade, ou do homem, o autor defende, neste pequeno livro, a necessidade de uma evolução da alma individual no sentido de superar esse estágio, que ele qualifica de "religiosidade ingênua".

Aliás, para os que têm Deus como uma atividade poderosa que está dentro de nossa própria alma, e não como um poder que está fora de nós e ao qual podemos recorrer em todas as contingências de pressão ou de dificuldade, o ponto de vista do autor em relação à oração não pode ser mais razoável.

Depois de estabelecer claramente a distinção entre a "oração da boca para fora" e a "oração vivida na ação", Alvin Boyd Kuhn analisa ainda o conflito entre as pretensões da prece e a ordem da lei cósmica, entre o hábito religioso da oração e o princípio kármico da justiça — a grande lei da compensação e do equilíbrio anunciada nas grandes Escrituras do mundo.

EDITORA PENSAMENTO

Outras obras de interesse:

AS CARTAS FÊNIX - Um novo método para você descobrir os aspectos positivos de suas vidas passadas
Susan Sheppard

A INICIAÇÃO ATRAVÉS DO KARMA - Leitura de Vidas Passadas Obtidas por Clarividência
Charles Breaux

INVESTIGANDO VIDAS PASSADAS
Raymond A. Moody e *Paul Perry*

VENCENDO A MORTE E A OBSESSÃO
Richard Simonetti

A REGRESSÃO A VIDAS PASSADAS COMO MÉTODO DE CURA - A Comprovação Experimental da Teoria da Reencarnação
Thorwald Dethlefsen

A TERAPIA DA REENCARNAÇÃO - As possibilidades oferecidas pela regressão a vidas passadas
Harald Wiesendanger

AS VÁRIAS VIDAS DA ALMA - Um Psicoterapeuta Junguiano Descobre as Vidas Passadas
Roger J. Woolger, Ph.D.

A VIDA DEPOIS DA MORTE
Yogue Ramacháraca

A VIDA NOS MUNDOS INVISÍVEIS
Anthony Borgia

VIDA/TRANSIÇÃO/VIDA - Explorações Científicas no Tempo de Transição entre uma Encarnação e Outra
Joel L. Whitton e *Joe Fischer*

ATRAVÉS DOS PORTAIS DA MORTE
Dion Fortune

RECORDANDO VIDAS PASSADAS
Dra. Helen Wambach

ELES CONHECERAM O DESCONHECIDO
Martin Ebon

MORTE, ESTADO INTERMEDIÁRIO E REENCARNAÇÃO NO BUDISMO TIBETANO
L. Rinbochay e *J. Hopkins*